Cinéphile

Etude de films en français élémentaire

L'Auberge espagnole

Un film de Cédric Klapisch

Kerri Conditto

Focus Publishing

Cinéphile

Etude de films en français élémentaire

□ □

L'Auberge espagnole

Un film de Cédric Klapisch

Kerri Conditto

Tufts University

Focus Publishing, Newburyport, Massachusetts

ISBN 10: 1-58510-210-5
ISBN 13: 978-1-58510-210-5

10 9 8 7 6 5 4

This book is published by Focus Publishing, R. Pullins & Company, Inc., PO Box 369, Newburyport MA
01950. All rights are reserved. No part of this publication may be reproduced, stored in a retrieval system, or
transmitted in any form or by any means, electronic, mechanical, by photocopying, recording, or by any other
means, without the prior written permission of the publisher.

0608W

Sommaire

Volet 4 - Culture

Lexiques

□ □

Vocabulaire du cinéma

Les genres de films

un film	*a movie*	un drame	*a drama*
une comédie	*a comedy*	un film d'action	*an action film*
une comédie romantique	*a romantic comedy*	un film d'aventures	*an adventure film*
un documentaire	*a documentary*	un western	*a Western*

Les gens du cinéma

un/e acteur/trice	*an actor/an actress*	un/e réalisateur/trice	*a director*
un personnage	*a character*	un rôle	*a role*
un personnage principal	*a main character*	un/e scénariste	*a screenwriter*
un personnage secondaire	*a supporting character*	une vedette	*a star (m/f)*

Pour parler des films

la bande sonore	*sound track*	les effets spéciaux (m)	*special effects*
le bruitage	*sound effects*	le film à succès	*box office hit*
la caméra	*camera*	l'intrigue (f)	*plot*
la cassette vidéo	*video*	le scénario	*screenplay*
le costume	*costume*	la scène	*scene*
le décor	*background*	le son	*sound*
le DVD	*DVD*	les sous-titres (m)	*subtitles*
l'échec (m)	*flop, failure*	tourner un film	*to shoot a film*

Pour écrire

J'admire...	*I admire...*	bien	*well*
J'aime.../je n'aime pas...	*I like.../ I don't like...*	d'abord	*first*
J'apprécie...	*I appreciate, enjoy...*	ensuite	*then, next*
Je déteste...	*I hate...*	finalement	*finally*
Je préfère...	*I prefer...*	mal	*poorly, badly*
Je pense que...	*I think that...*	puis	*then*
à la fin	*at the end*	quelquefois	*sometimes*
à mon avis	*in my opinion*	souvent	*often*
après	*after*	trop	*too much*
alors	*so*	toujours	*always*
au début	*in the beginning*	vraiment	*really*

Fiche technique

Réalisation :	Cédric Klapisch
Musique originale :	Cyril Moisson
Autre musique :	Ardag (*Cambia la vida*) ; Frédéric Chopin (*Valse Op.64 No.2*) ; Ry Cooder et Ali Farkan Touré (*Ail Du*) ; Loïc Dury (*Urquinaona et Le rêve de l'hippocampe*) ; Colin Greenwood, Jonny Greenwood, Ed O'Brien, Phil Selway et Thom Yorke (*No Surprises*) ; Jean-Baptiste Lully (*Te Deum*)
Année de production :	2002
Durée :	2 h 02
Genre :	Comédie dramatique / romantique
Date de sortie nationale :	18/12/2002

Synopsis

Xavier, un étudiant français de 25 ans, espère obtenir un poste au Ministère des finances mais il faut d'abord qu'il étudie l'économie espagnole et qu'il maîtrise l'espagnol. Il décide donc de faire sa dernière année d'études supérieures à Barcelone. Il quitte la France, sa famille et sa petite amie avec laquelle il sort depuis 4 ans. Son séjour commence mal mais grâce à six étrangers et à l'auberge espagnole, il arrive à se débrouiller. Voilà son histoire...

Note : *L'Auberge espagnole* est classé « R » aux Etats-Unis.

Note culturelle

En 1957, six pays (la Belgique, la RFA (l'Allemagne de l'ouest), la France, l'Italie, le Luxembourg et les Pays-Bas) ont signé *le Traité de Rome* qui a instauré la Communauté Economique Européenne et qui a donné naissance à l'Union européenne. Actuellement, l'Union européenne compte 25 pays membres et les discussions sur les pays membres futurs, sur la politique, sur l'économie et sur l'identité européenne continuent.

Dans *L'Auberge espagnole,* Klapisch présente une « micro-Europe » où les personnages rencontrent ces mêmes difficultés.

Personnages

Personnages principaux

Xavier...Romain Duris

Alessandro ....Federico D'Anna

Isabelle ....Cécile de France

Lars ....Christian Pagh

Soledad...Cristian Brondo

Tobias...Barnaby Metschurat

Wendy ....Kelly Reilly

William ....Kevin Bishop

Personnages secondaires

la mère de Xavier ....Martine Demaret

Martine ....Audrey Tautout

Anne-Sophie...Judith Godrèche

Jean-Michel ....Xavier De Guillebon

Jean-Charles Perrin......................................Wladimir Yordanoff

Alistair...Iddo Goldberg

Neus...Irene Montalà

Juan..Javier Coromina

M. Cucurull (le propriétaire)..........................Père Abello

le professeur ....Père Sagrista

❏ ❏

Vocabulaire du film

Les gens

l'amant/e	*lover*	le/la fonctionnaire	*civil servant, state employee*
le/la colocataire	*roommate, co-tenant*	le/la neurologue	*neurologist*
l'écrivain/e	*writer, author*	le/la petit/e ami/e	*boyfriend/girlfriend*
l'étudiant/e	*student*	le/la propriétaire	*owner*

Les nationalités

allemand/e	*German*	danois/e	*Danish*
anglais/e	*English*	espagnol/e	*Spanish*
belge	*Belgian*	européen/ne	*European*
castillan/e	*Castilian*	français/e	*French*
catalan/e	*Catalan*	italien/ne	*Italian*

Les endroits

l'aéroport (m)	*airport*	Barcelone	*Barcelona*
l'appartement (m)	*apartment*	la Belgique	*Belgium*
l'auberge (f)	*inn*	la Catalogne	*Catalonia*
le bureau	*office*	le Danemark	*Denmark*
la chambre	*bedroom*	l'Espagne (f)	*Spain*
la fac (la faculté)	*university*	l'Europe (f)	*Europe*
la salle de séjour	*living room*	la France	*France*
l'Allemagne (f)	*Germany*	l'Italie (f)	*Italy*
l'Angleterre (f)	*England*	l'Union européenne (f)	*European Union*

A la fac et au travail

le baccalauréat	*high school diploma*	les études supérieures (f)	*higher education*
le boulot (familier)	*work*	le formulaire	*form*
la bureaucratie	*bureaucracy*	les petites annonces (f)	*classifieds*
le dossier	*dossier, file*	le poste	*job, position*
l'économie (f)	*Economics*	le travail	*job*

Noms divers

l'arrivée (f)	*arrival*	le séjour	*stay*
l'aventure (f)	*adventure, love affair*	le téléphone	*telephone*
le coup de téléphone	*telephone call*	la traduction	*translation*
le départ	*departure*	l'union (f)	*union*
le loyer	*rent*		

Adjectifs

borné/e	*narrow-minded*	insensible	*insensitive*
coincé/e (familier)	*repressed, hung-up*	intolérant/e	*intolerant*
confiant/e	*confident*	optimiste	*optimistic*
décontracté/e	*easy-going, relaxed*	organisé/e	*organized*
démonstratif/ive	*demonstrative*	ouvert/e	*open*
désordonné/e	*disorderly, untidy, sloppy*	pénible	*difficult*
dominateur/trice	*dominating*	renfermé/e	*withdrawn*
enthousiaste	*enthusiastic*	réservé/e	*reserved*
farfelu/e	*eccentric*	sensible	*sensitive*
fier/fière	*proud*	sympathique	*nice, pleasant*
indépendant/e	*independent*	tendu/e	*tense, uptight*

Verbes

agacer	*to annoy*	partager	*to share*
apprendre (à)	*to learn (to)*	rendre visite à qqn.	*to visit a person*
(se) comprendre	*to understand (each other)*	résoudre	*to resolve*
connaître	*to know*	rire	*to laugh*
craindre	*to fear, to dread*	savoir	*to know*
se débrouiller	*to get by, to manage*	suivre	*to follow*
décoller	*to take off (plane)*	se taire	*to be quiet*
découvrir	*to discover*	traîner	*to drag*
draguer (familier)	*to hit on*	tromper	*to cheat (on someone)*
s'entendre avec	*to get along with*	venir	*to come*
gêner	*to bother*	visiter	*to visit a place*
se mettre à	*to start to*	vivre	*to live*
nager	*to swim*	voir	*to see*

Expressions diverses

assister à un cours	*to attend a class*	passer un examen	*to take a test*
avoir rendez-vous	*to have a meeting*	poser sa candidature	*to apply*
échouer à un examen	*to fail a test*	réussir à un examen	*to pass a test*
s'inscrire à un cours	*to register for a class*	suivre un cours	*to take a class*

Exercices de vocabulaire

A. *Qu'est-ce que c'est ?* Complétez les phrases suivantes avec *le vocabulaire* ci-dessous.

Vocabulaire				
un amoureux	un compagnon	une fusion	une harmonie	un petit copain
un camarade	un copain	un groupement	un logement	une résidence
une camaraderie	un ensemble	une habitation	un petit ami	une solidarité

1. Un ami peut être... _____

2. Un amant peut être... _____

3. Une amitié peut être... _____

4. Un appartement est... _____

5. Une union est... _____

B. *Définitions.* Reliez *le vocabulaire* ci-dessous avec les définitions qui correspondent.

	Les gens		Les choses		Les endroits
a.	un ami	f.	une amitié	i.	un appartement
b.	un colocataire	g.	une aventure	j.	un bureau
c.	un écrivain	h.	une union	k.	une faculté
d.	un étudiant				
e.	un fonctionnaire				

_____ 1. une personne qui fait des études supérieures

_____ 2. un établissement d'enseignement supérieur

_____ 3. un sentiment d'affection qu'une personne a pour une autre personne

_____ 4. une association ou une combinaison de différentes choses ou personnes

_____ 5. un ensemble de pièces destiné à l'habitation

_____ 6. une personne qui loue un appartement avec d'autres personnes

_____ 7. une personne pour laquelle on a de l'affection

_____ 8. une personne qui est employée par l'Etat ou qui exerce une fonction publique

_____ 9. une personne qui écrit des romans, des poèmes, etc.

_____ 10. le lieu de travail des employés, d'une administration ou d'une entreprise

C. *Etudes.* Complétez les phrases suivantes avec *le vocabulaire* à droite.

	Vocabulaire

1. Un élève décide d'aller _____ .

2. Il réussit _____ .

3. Il remplit _____ d'inscription et il envoie _____ à l'université.

4. Il est _____ à l'université.

5. Il choisit _____ . Il _____ ces cours.

6. Il paie _____ .

7. Il trouve _____ . Il paie _____ .

8. Il _____ aux cours et il _____ des examens.

9. Il _____ ses examens et il obtient _____ .

10. Il prépare _____ et il cherche _____ .

Vocabulaire

à l'université
admis
assiste
au baccalauréat
des cours
des demandes
des frais
d'inscription
passe
réussit à
s'inscrit à
son CV
son diplôme
son dossier
son loyer
un logement
un travail

D. *Chronologie.* Mettez les phrases suivantes en ordre chronologique.

_____ Après, l'étudiant part pour un pays étranger.

_____ Ensuite, les colocataires deviennent de très bons amis.

_____ L'étudiant se renseigne donc sur les programmes universitaires à l'étranger.

_____ D'abord, l'étudiant a rendez-vous avec un fonctionnaire.

_____ Il y rencontre d'autres jeunes étudiants et ils décident de louer un appartement.

_____ Le fonctionnaire dit à l'étudiant qu'il faut parler une langue étrangère.

_____ Finalement, l'étudiant rentre dans son pays.

_____ Un an après, les colocataires sont tristes. C'est la fin de leur séjour à l'étranger.

Exercices de grammaire

Le passé composé

♦ Le passé composé est un temps du passé qui exprime une action accomplie ou terminée par rapport au présent.

Exemple : *Nous avons regardé un film à la télé hier soir.*

♦ Quelques expressions sont souvent employées avec le passé composé : une fois, deux fois, etc. ; plusieurs fois ; un matin, un soir, etc. ; lundi, mardi, etc. ; un jour, un week-end, etc. ; cette semaine-ci, ce mois-ci, cette année-ci, etc. ; soudainement, tout à coup, tout d'un coup, etc.

♦ Le passé composé est un temps composé. Il comporte deux parties : ***un verbe auxiliaire*** (avoir ou être) conjugué au présent et ***un participe passé***.

Présent :	sujet	+	verbe		
Exemple :	*Nous*		*achetons un DVD.*		
Passé composé :	sujet	+	verbe auxiliaire	+	participe passé
Exemple :	*Nous*		***avons***		***acheté*** *un DVD.*

♦ Le participe passé est formé de l'infinitif du verbe en question. Pour les verbes réguliers en :

-er	→	*-é*	regard**er**	→	regard**é**
-ir	→	*-i*	fin**ir**	→	fin**i**
-re	→	*-u*	attend**re**	→	attend**u**

♦ Observez d'autres participes passés :

Tableau 1, Les participes passés.

participes passés									
-ert		**-int**		**-it**		**-u**		**irréguliers**	
couvrir	**couvert**	atteindre	**atteint**	conduire	**conduit**	falloir	**fallu**	avoir	**eu**
découvrir	**découvert**	craindre	**craint**	décrire	**décrit**	lire	**lu**	être	**été**
offrir	**offert**	joindre	**joint**	dire	**dit**	plaire	**plu**	faire	**fait**
ouvrir	**ouvert**	peindre	**peint**	écrire	**écrit**	pleuvoir	**plu**	mourir	**mort**
recouvrir	**recouvert**	rejoindre	**rejoint**	inscrire	**inscrit**	recevoir	**reçu**	naître	**né**
souffrir	**souffert**			produire	**produit**	pouvoir	**pu**		
				traduire	**traduit**	résoudre	**résolu**		
-i		**-is**		**-u**		savoir	**su**		
nuire	**nui**	acquérir	**acquis**	apercevoir	**aperçu**	taire	**tu**		
rire	**ri**	apprendre	**appris**	boire	**bu**	tenir	**tenu**		
sourire	**souri**	asseoir	**assis**	conclure	**conclu**	valoir	**valu**		
suffire	**suffi**	comprendre	**compris**	connaître	**connu**	venir	**venu**		
suivre	**suivi**	conquérir	**conquis**	croire	**cru**	vivre	**vécu**		
		mettre	**mis**	décevoir	**déçu**	voir	**vu**		
		prendre	**pris**	devoir	**dû**	vouloir	**voulu**		

♦ Dans une phrase négative, l'adverbe négatif ***ne/n'… pas*** est placé autour du verbe auxiliaire.

Structure :	sujet	**ne/n'**	verbe auxiliaire	**pas**	participe passé
Exemple :	*Nous*	**ne**	*sommes*	**pas**	*sortis.*

♦ Les adverbes communs sont placés entre le verbe auxiliaire et le participe passé.

Exemple : *Il a **beaucoup** voyagé et il a **trop** mangé !*

Le passé composé avec *avoir*

♦ Les verbes transitifs (les verbes qui peuvent avoir un objet) sont conjugués avec *avoir*.

Exemple : *J'ai **aimé** le film. (le film = l'objet direct)*
*Il **a téléphoné** à son amie. (son amie = l'objet indirect)*

♦ Les verbes *avoir* et *être* sont aussi conjugués avec le verbe *avoir*.

Exemple : *J'ai **eu** du mal à comprendre pourquoi il **a été** surpris.*

♦ Le participe passé s'accorde en genre et en nombre avec *l'antécédent (=le mot qui précède) du pronom relatif « que », le pronom complément d'objet direct* ou *un autre objet direct* quand ils précèdent le verbe au passé composé.

Exemple : ***Les histoires** qu'il a **lues** sont bonnes. (l'antécédent = les histoires)*
***Les histoires** ? Oui, il **les** a **lues**. (les = les histoires)*
***Quelles histoires** est-ce qu'il a **lues** ? (quelles histoires = l'objet direct)*

Le passé composé avec *être*

♦ Les verbes intransitifs (les verbes jamais suivis d'un objet) sont conjugués avec *être*.

Exemple : *Il **est sorti** de la maison. (La maison est l'objet de la préposition de.)*

♦ L'acronyme *DR. & MRS. P. VANDERTRAMP* aide à se rappeler les verbes conjugués avec *être* au passé composé.

♦ Les verbes *descendre, monter, passer, sortir* et *tomber* sont transitifs (conjugués avec avoir) et intransitifs (conjugués avec être).

Exemple : *Elle **a sorti** le chien et puis elle **est sortie**.*

♦ Le participe passé s'accorde en genre et en nombre avec *le sujet* quand le verbe en question est un verbe intransitif.

Exemple : ***Elle est sortie** de la maison.*

♦ Les verbes pronominaux sont aussi conjugués avec *être* au passé composé.

Exemple : réfléchi   *Le jeune homme **s'est levé**.*
réciproque   *Les jeunes gens **se sont parlé***
idiomatique *Le jeune homme **s'en est allé**.*

♦ Le participe passé s'accorde en genre et en nombre avec *le pronom réfléchi* quand il fonctionne comme objet direct.

Exemple : réfléchi   *Elle **s'est lavée**.*   *(Se fonctionne comme objet direct.)*
*Elle **s'est lavé** le visage.*   *(Le visage est l'objet direct.)*

réciproque *Elles **se sont vues**.*   *(Se fonction comme objet direct.)*
Elles se sont parlé.   *(Se fonctionne comme objet indirect.)*

♦ Le participe passé s'accorde en genre et en nombre avec *le sujet* quand le pronom réfléchi ne peut pas être analysé.

Exemple : ***Elles** s'en sont **allées**. (Se ne fonctionne comme ni objet direct ni objet indirect.)*

D evenir
R evenir
M onter
R etourner
S ortir
P asser
V enir
A ller
N aître
D escendre
E ntrer
R entrer
T omber
R ester
A rriver
M ourir
P artir

A. *Participes passés.* Donnez *les participes passés* qui correspondent aux infinitifs suivants.

1.	asseoir	_____	9.	écrire	_____	17. revenir	_____
2.	atteindre	_____	10.	être	_____	18. savoir	_____
3.	attendre	_____	11.	faire	_____	19. sourire	_____
4.	avoir	_____	12.	finir	_____	20. traduire	_____
5.	boire	_____	13.	lire	_____	21. venir	_____
6.	comprendre	_____	14.	mourir	_____	22. visiter	_____
7.	connaître	_____	15.	naître	_____	23. vivre	_____
8.	découvrir	_____	16.	rendre	_____	24. vouloir	_____

B. *Avoir ou être ?* Déterminez s'il faut le verbe auxiliaire *avoir* ou le verbe auxiliaire *être*. Ajoutez l'accord si cela est nécessaire.

1. Nous _____ reçu ____ le message de Mathilde.

2. Elle _____ parti ____ de chez elle hier et elle _____ arrivé ____ à l'aéroport ce matin.

3. Les garçons _____ allé ____ la chercher.

4. Ils ne/n' _____ pas pu ____ la trouver. Elle _____ dû ____ prendre le métro.

5. Les garçons me/m' _____ téléphoné ____ et nous _____ décidé ____ de l'attendre à la sortie du métro.

6. Michel me/m' _____ demandé ____ : « Tu _____ bien compris ____ son message ? »

7. Je/j' _____ répondu ____ : « Oui ! Allons-y ! »

8. Nous _____ rentré ____ chez nous et la voilà !

9. Elle nous _____ expliqué ____ : « Je/j' _____ fait ____ la connaissance d'un bel homme à l'aéroport et nous _____ pris ____ un taxi ensemble. »

10. Mathilde _____ souri ____ : « J'ai des projets ce soir ! Et vous ? Que faites-vous ? »

C. *Et après ?* L'histoire de Mathilde continue. Complétez le paragraphe suivant avec *le passé composé* des verbes entre parenthèses. Attention à l'accord des participes passés !

Après son arrivée, Mathilde _____ (se préparer) avec soin. Elle _____ (prendre) une douche, elle _____ (choisir) une belle robe, elle la/l' _____ ____ (mettre), elle _____ (se maquiller) et elle _____ (se brosser) les dents. Elle _____ (sortir) le chien. Ils _____ (se promener) dans le quartier pendant vingt minutes et puis elle _____ (partir). Elle _____ (aller) au café. Elle _____ (voir) son nouvel ami mais il _____ (ne...pas/entrer) dans le café. Mathilde _____ (apercevoir) une belle femme. La femme _____ (embrasser) son ami !

Mathilde _____ (comprendre) tout de suite : il est marié ! Mathilde _____ (se lever) et elle _____ (quitter) le café rapidement. Elle _____ (ne...pas/ rentrer) à l'appartement. La pauvre ! Où est-ce qu'elle _____ (aller) après ? On _____ (ne...jamais/savoir) !

L'imparfait

- ◆ L'imparfait est le temps du passé qui décrit un état (l'état physique ou mental), l'arrière plan d'une situation (le décor, le temps, etc.), et une action habituelle ou répétée dans le passé.

    Exemple : *Le garçon **avait** 25 ans. Il **pensait** à sa petite amie. Il **était** triste.*

- ◆ Quelques expressions sont souvent employées avec l'imparfait : d'habitude, normalement, en général, etc. ; de temps en temps, souvent, toujours, etc. ; le matin, le soir, etc. ; le lundi, le mardi, etc. ; tous les jours, le week-end, etc. ; chaque semaine, chaque mois, chaque année, etc. ; autrefois, auparavant, etc.

    Exemple : *Il se levait tôt **tous les jours** pour aller au travail.*

- ◆ L'imparfait est un temps simple. Il se compose d'un mot. Pour former l'imparfait :

    - ▪ Conjuguez le verbe au présent de l'indicatif à la première personne du pluriel (nous).
    - ▪ Laissez tomber la terminaison *-ons* et ajoutez la terminaison de l'imparfait.

        Exemple : *je/avoir : nous av~~ons~~ → **av- + -ais** → **j'avais***

        Tableau 2, *Les terminaisons de l'imparfait.*

terminaisons de l'imparfait			
je/j'	**-ais**	nous	**-ions**
tu	**-ais**	vous	**-iez**
il, elle, on	**-ait**	ils, elles	**-aient**

- ◆ Le seul verbe irrégulier à l'imparfait est ***être***. Le radical est ***ét-***.

    Tableau 3, *Le verbe être à l'imparfait.*

être à l'imparfait			
je/j'	**étais**	nous	**étions**
tu	**étais**	vous	**étiez**
il, elle, on	**était**	ils, elles	**étaient**

- ◆ Observez quelques particularités :

    - ▪ Quand le radical se termine en *c*, le *ç* remplace le *c* à la 1ère, 2e et 3e personnes du singulier et à la 3e personne du pluriel.
    - ▪ Quand le radical se termine en *g* il faut ajouter un *e* devant les terminaisons de l'imparfait à la 1ère, 2e et 3e personnes du singulier et à la 3e personne du pluriel.

        Tableau 4, *Le verbe agacer à l'imparfait.*

agacer à l'imparfait			
je/j'	**agaçais**	nous	**agacions**
tu	**agaçais**	vous	**agaciez**
il, elle, on	**agaçait**	ils, elles	**agaçaient**

        Tableau 5, *Le verbe nager à l'imparfait.*

nager à l'imparfait			
je/j'	**nageais**	nous	**nagions**
tu	**nageais**	vous	**nagiez**
il, elle, on	**nageait**	ils, elles	**nageaient**

A. *Radicaux.* Donnez *les radicaux de l'imparfait* qui correspondent aux infinitifs suivants.

1. aller	_____	9. découvrir	_____	17. pouvoir	_____
2. asseoir	_____	10. devoir	_____	18. rendre	_____
3. atteindre	_____	11. écrire	_____	19. savoir	_____
4. attendre	_____	12. être	_____	20. sourire	_____
5. avoir	_____	13. faire	_____	21. traduire	_____
6. boire	_____	14. finir	_____	22. vivre	_____
7. comprendre	_____	15. lire	_____	23. venir	_____
8. connaître	_____	16. louer	_____	24. vouloir	_____

B. *Le départ.* Une étudiante décrit le jour où elle part pour aller à l'étranger. Mettez les verbes entre parenthèses à *l'imparfait*.

Il _____ (faire) beau ce jour-là et nous _____ (être) à l'aéroport avec les autres voyageurs qui _____ (dire) au revoir à leur famille et à leurs amis. Je/j'_____ (avoir) un peu peur mais je/j'_____ (être) prête à partir. Mes parents _____ (sourire) mais je _____ (savoir) qu'ils _____ (ne...pas/vouloir) me dire au revoir. Mon petit ami me _____ (tenir) dans ses bras, nous _____ (pleurer) et je _____ (se sentir) incapable de le lâcher. Nous _____ (ne...pas/pouvoir) pas nous dire au revoir. Je _____ (devoir) embarquer dans l'avion qui _____ (aller) décoller dans cinq minutes mais je _____ (ne...plus/vouloir) partir. Je _____ (savoir) peut-être que tout _____ (aller) changer entre nous.

Le passé composé et l'imparfait

• Observez quelques expressions qui aident à déterminer le temps du verbe :

Tableau 6, Des expressions pour déterminer le temps du verbe.

expressions pour déterminer le temps du verbe	
passé composé	imparfait
une fois, deux fois, etc.	d'habitude, normalement, en général, etc.
plusieurs fois	de temps en temps, souvent, toujours, etc.
un matin, un soir, etc.	le matin, le soir, etc.
lundi, mardi, etc.	le lundi, le mardi, etc.
un jour, un week-end, etc.	tous les jours, le week-end, etc.
cette semaine-ci, ce mois-ci, cette année-ci, etc.	chaque semaine, chaque mois, chaque année, etc.
soudainement, tout à coup, tout d'un coup, etc.	autrefois, auparavant, etc.

♦ Observez les emplois du passé composé et de l'imparfait :

Tableau 7, Les emplois du passé composé et de l'imparfait.

emplois du passé composé et de l'imparfait	
passé composé	**imparfait**
L'action dans le passé une action ou plusieurs actions qui font progresser la narration d'une histoire *Le jeune homme est arrivé à l'aéroport. Il a déposé ses bagages et il est allé à l'aérogare.*	**La description dans le passé** une action ou plusieurs actions qui décrivent les états physiques ou mentaux et l'arrière plan (le décor, le temps, etc.) d'une histoire *Le ciel était gris et il pleuvait. Le jeune homme était à l'aéroport. Il était triste.*
La durée est indiquée une action a lieu un nombre de fois précis *Un jour il s'est levé tard et pour la première fois, il n'est pas allé en classe.*	**L'action est habituelle** une action est répétée dans le passé *Quand il était à l'université, il se levait tôt, il allait en classe, il travaillait à la bibli, etc.*
Un moment précis dans le passé une action commence et se termine dans le passé *Hier il est allé en France.*	**Un moment indéterminé dans le passé** le début ou la fin de l'action n'est pas clairement indiquée *Il allait souvent à l'étranger.*
Une action interrompt une autre action dans le passé une action (le passé composé) interrompt l'action en cours (l'imparfait) *Il écrivait dans son journal quand **quelqu'un a frappé à sa porte.***	**Une action est interrompue par une autre action dans le passé** une action en cours (l'imparfait) est interrompue par l'autre action (le passé composé) ***Il écrivait dans son journal** quand quelqu'un a frappé à sa porte.*
Le changement d'une situation l'état physique ou mental change *Il a été triste mais il n'est plus triste.*	**La description d'une situation** l'état physique ou mental reste stable *Il était triste pendant le vol et il est toujours triste.*

Pratiquez !

A. *Quel temps ?* Indiquez pourquoi il faut utiliser *le passé composé* ou *l'imparfait* dans les phrases suivantes.

L'emploi du passé composé et de l'imparfait			
Passé composé		**Imparfait**	
1.	l'action dans le passé	6.	la description dans le passé
2.	la durée est indiquée	7.	l'action est habituelle ou répétée
3.	un moment précis dans le passé	8.	un moment indéterminé dans le passé
4.	une action interrompt une autre action	9.	une action est interrompue par une autre action
5.	le changement d'une situation	10.	la description d'une situation

_____ Hier le couple est parti pour aller à l'étranger.

_____ La femme n'était pas contente d'aller à l'étranger.

_____ Pourtant, elle avait l'habitude de voyager comme elle voyageait souvent auparavant.

_____ Elle cherchait sa place quand elle a vu le jeune homme qui pleurait.

_____ La femme s'est assise. L'avion a décollé et il a atterri sans problèmes.

_____ Le jeune homme attendait ses bagages.

_____ Il a regardé la femme trois fois.

_____ La femme avait toujours peur de parler aux gens, mais ce jour-là elle n'a pas eu peur.

_____ La femme et son mari sont sortis de l'aéroport avec le jeune homme.

_____ Le soleil brillait et il faisait beau.

_____ La femme savait que sa vie allait changer...

B. *A l'étranger.* Mettez les verbes entre parenthèses *au passé composé* ou *à l'imparfait* pour raconter l'histoire d'un étudiant. Attention à l'accord des participes passés !

Autrefois l'étudiant _____ (passer) beaucoup de temps avec sa petite amie.
Ils _____ (aller) aux musées, au cinéma, etc. ensemble. Elle _____
(parler) de sa vie et de ses rêves et il l'_____ (écouter) avec patience. Ils
_____ (rire), ils _____ (s'amuser) et ils _____
(s'aimer) beaucoup ! Un jour, l'étudiant _____ (décider) de faire ses études
à l'étranger. Il _____ (s'inscrire) aux cours et il _____ (partir).
Son amie _____ (être) triste mais il lui _____ (dire) qu'il
_____ (aller) lui téléphoner tous les jours. Un mois plus tard, elle
_____ (partir) pour lui rendre visite. Il _____ (aller) la chercher
à l'aéroport. Il _____ (lire) un livre quand elle _____ (sortir)
de l'aéroport. Elle _____ (observer) son petit ami de loin quand tout à coup,
elle _____ (comprendre) que tout avait changé entre eux. Elle
_____ (retourner) à l'aéroport, elle _____ (acheter) un billet de
retour et elle _____ (rentrer) chez elle.

Les noms géographiques

♦ Observez les articles et les prépositions qui introduisent les noms géographiques :

Tableau 8, Les noms géographiques et les prépositions.

noms géographiques et prépositions				
	ville / île	**pays féminin**	**pays masculin**	**pays pluriel**
usage général	Je visite Paris.	Je visite la France.	Je visite le Danemark.	Je visite les Pays-Bas.
destination	Je vais à Paris.	Je vais en France.	Je vais au Danemark.	Je vais aux Pays-Bas.
situation	Je suis à Paris.	Je suis en France.	Je suis au Danemark.	Je suis aux Pays-Bas.
origine	Je viens de Paris.	Je viens de France.	Je viens du Danemark.	Je viens des Pays-Bas.

♦ L'article défini introduit la plupart des noms géographiques (les continents, les pays, les provinces, les états, les montagnes, les fleuves, etc.).

Exemple :   *l'Europe, la France, le Québec, le Massachusetts, les Alpes, la Seine, etc.*

♦ L'article défini n'introduit pas les noms des villes, les noms des îles et les noms de quelques pays.

Exemple :   *Barcelone, Boston, Paris, Cuba, Israël, Madagascar, Porto Rico, Tahiti, etc.*
Exceptions : *le Caire, le Havre, la Nouvelle Orléans, la Rochelle, la Corse, la Martinique, etc.*

♦ Les noms géographiques qui se terminent en *e* sont féminins. L'article défini *la* introduit ces noms géographiques.

Exemple :   *la France, la Suisse, la Bretagne, la Californie, la Seine, etc.*
Exceptions : *le Cambodge, le Mexique, le Zaïre, le Maine, le Tennessee, etc.*

♦ Les autres noms géographiques sont masculins.   L'article défini *le* introduit ces noms géographiques.

Exemple :   *le Brésil, le Danemark, le Japon, etc.*

♦ L'article défini *les* introduit les noms géographiques pluriels.

Exemple :   *les Etats-Unis, les Pays-Bas, les Alpes, etc.*

Pratiquez !

A. *L'Union européenne.* Donnez *l'article défini* (si cela est nécessaire) qui correspond aux pays membres de l'Union européenne.

1. _____ Allemagne	10. _____ Grèce	19. _____ Pologne
2. _____ Autriche	11. _____ Hongrie	20. _____ Portugal
3. _____ Belgique	12. _____ Irlande	21. _____ République tchèque
4. _____ Chypre	13. _____ Italie	22. _____ Royaume-Uni
5. _____ Danemark	14. _____ Lituanie	23. _____ Slovaquie
6. _____ Espagne	15. _____ Lettonie	24. _____ Slovénie
7. _____ Estonie	16. _____ Luxembourg	25. _____ Suède
8. _____ Finlande	17. _____ Malte	
9. _____ France	18. _____ Pays-Bas	

♦ La préposition *à* introduit les villes et les îles.

Exemple : *à Barcelone, à Paris, à Tahiti, etc.*
Exceptions : *au Havre, au Caire, à la Nouvelle Orléans, en Corse, en Haïti, etc.*

♦ La préposition *en* introduit les noms géographiques féminins.

Exemple : *en Europe, en France, en Bretagne, etc.*

♦ La préposition *en* introduit aussi les noms géographiques qui commencent par une voyelle.

Exemple : *en Israël, en Irak, en Iran, etc.*

♦ La contraction *au (à + le)* introduit les noms géographiques masculins.

Exemple : *au Brésil, au Canada, au Japon, etc.*

♦ La préposition *dans* introduit les provinces et les états masculins.

Exemple : *dans le Maine, dans le Tennessee, dans le Midi, etc.*
Exceptions : *au Texas, au Québec, etc.*

♦ La contraction *aux (à + les)* introduit les noms géographiques pluriels.

Exemple : *aux Etats-Unis, aux Pays-Bas, aux Alpes, etc.*

Pratiquez !

A. *On parle français !* Donnez *les prépositions* (si cela est nécessaire) qui correspondent aux noms géographiques suivants.

On parle français _____ Europe : _____ Paris (_____ France), _____ Bruxelles (_____ Belgique) et ___ __ Genève (_____ Suisse). On parle français aussi _____ Afrique : _____ Alger (_____ Algérie), _____ Tunis (_____ Tunisie), _____ Rabat (_____ Maroc), etc. On parle français même _____ Amérique : __ ___ Etats-Unis (_____ Nouvelle-Orléans - _____ Louisiane, _____ Vermont, etc.) et _____ Canada (__ ___ Montréal - _____ Québec, etc.). On trouve aussi des gens qui parlent français _____ Asie : _____ Hanoï (_____ Viêt-Nam), _____ Phnom-Penh (_____ Cambodge), etc. Il y a finalement des gens qui parlent français _____ Océanie : _____ Port-Vila (_____ Vanuatu). On parle français partout dans le monde !

Le pronom *y*

♦ Le pronom *y* peut remplacer une préposition et un nom de lieu.

Exemple : *Je vais à Barcelone.*   *J'y vais.*
Ils habitent en Espagne.   *Ils y habitent.*

♦ Le pronom *y* ne peut pas remplacer la préposition *de*.

♦ Notez la place de la préposition *y* dans la phrase :

		Affirmatif	Négatif
Au futur proche :	Tu vas voyager *en Espagne.*	Tu vas *y* voyager.	Tu ne vas pas *y* voyager.
Au futur simple :	Tu voyageras *en Espagne.*	Tu *y* voyageras.	Tu n'*y* voyageras pas.
Au conditionnel :	Tu voyagerais *en Espagne.*	Tu *y* voyagerais.	Tu n'*y* voyagerais pas.
Au présent :	Tu voyages *en Espagne.*	Tu *y* voyages.	Tu n'*y* voyages pas.
A l'impératif :	Voyage *en Espagne* !	Voyages-*y* !*	N'*y* voyage pas !
Au passé composé :	Tu as voyagé *en Espagne.*	Tu *y* as voyagé.	Tu n'*y* as pas voyagé.
A l'imparfait :	Tu voyageais *en Espagne.*	Tu *y* voyageais.	Tu n'*y* voyageais pas.

*A l'impératif affirmatif, il faut rajouter le *s* des verbes en -er conjugués à la 2e personne du singulier.

Pratiquez !

A. *Tour de monde.* Votre amie adore voyager ! Elle répond à vos questions sur ses voyages passés et futurs avec *le pronom y*.

1. Tu es allé en Espagne ?   Oui ! _____

2. Ton frère et toi êtes allés au Mexique ?   Non. _____

3. Il va aller aux Pays-Bas, n'est-ce pas ?   Oui ! _____

4. Ta famille va aller en Afrique cet été ?   Non. _____

5. Ah oui ! Vous venez de voyager au Maroc ?   Oui ! _____

6. Tu as passé du temps à St-Pierre et Miquelon ?   Oui ! _____

7. Je peux aller aux Bermudes avec toi ?   Oui ! _____

8. Tu veux aller aussi en Italie ?   Non. _____

9. Ah bon ? Tu as déjà voyagé en Italie ?   Oui ! _____

10. Tu as envie d'aller à Paris quand même ?   Oui ! _____

♦ La préposition **de/d'** introduit les villes et les îles.

   Exemple :   *de Barcelone, de Paris, de Tahiti, etc.*
   Exception : *du Havre, de la Nouvelle-Orléans, etc.*

♦ La préposition **de/d'** introduit les noms géographiques féminins.

   Exemple :   *d'Europe, de France, de Bretagne, etc.*

♦ La préposition **de/d'** introduit aussi les noms géographiques qui commencent par une voyelle.

   Exemple :   *d'Israël, d'Irak, d'Iran, etc.*

♦ La contraction **du (de + le)** introduit les noms géographiques masculins.

   Exemple :   *du Brésil, du Canada, du Japon, etc.*

♦ La contraction **des (de + les)** introduit les noms géographiques pluriels.

   Exemple :   *des Etats-Unis, des Pays-Bas, des Alpes, etc.*

Pratiquez !

A. *D'où sont-ils ?*   Donnez *les prépositions* ou *les contractions* qui correspondent aux noms géographiques suivants.

1. Les étudiants sont français ; ils sont _____ Havre (_____ France /_____ Europe).

2. Les professeurs sont danois ; ils sont _____ Copenhague (_____ Danemark / _____ Europe).

3. Nous sommes américains ; nous sommes _____ Nouvelle Orléans (_____ Louisiane / _____ Etats-Unis / _____ Amérique).

4. Nos amis sont québécois ; ils sont _____ Montréal (_____ Québec / _____ Canada / _____ Amérique).

5. Vous êtes chinois ; vous êtes _____ Beijing (_____ Chine / _____ Asie).

6. Vos amis sont marocains ; ils sont _____ Rabat (_____ Maroc / _____ Afrique).

7. Les garçons sont haïtiens ; ils sont _____ Port-au-Prince (_____ Haïti / _____ Amérique).

8. Les filles sont égyptiennes ; elles sont _____ Caire (_____ Egypte / _____ Afrique).

9. Leurs amis sont brésiliens ; ils sont _____ Brasilia (_____ Brésil / _____ Amérique).

10. Leurs amies sont australiennes ; elles sont _____ Canberra (_____ Australie /_____ Océanie).

Le pronom *en*

♦ Le pronom *en* peut remplacer la préposition *de/d' (du, de la, de l', des)* et un nom de lieu.

> Exemple : Je viens *de France*.   J'*en* viens.
> Ils partent *des Pays-Bas.*   Ils *en* partent.

♦ Notez la place de la préposition *en* dans la phrase.

		Affirmatif	Négatif
Au futur proche :	Tu vas partir *du Canada.*	Tu vas *en* partir.	Tu ne vas pas *en* partir.
Au futur simple :	Tu partiras *du Canada.*	Tu *en* partiras.	Tu n'*en* partiras pas.
Au conditionnel :	Tu partirais *du Canada.*	Tu *en* partirais.	Tu n'*en* partirais pas.
Au présent :	Tu pars *du Canada.*	Tu *en* pars.	Tu n'*en* pars pas.
A l'impératif :	Pars *du Canada.*	Pars-*en* !*	N'*en* pars pas !
Au passé composé :	Tu es parti *du Canada.*	Tu *en* es parti.	Tu n'*en* es pas parti.
A l'imparfait :	Tu partais *du Canada.*	Tu *en* partais.	Tu n'*en* partais pas.

*A l'impératif affirmatif, il faut rajouter le *s* des verbes en -er conjugués à la 2ᵉ personne du singulier.

Pratiquez !

A. *Grande fête.* Votre petit ami vous pose des questions sur l'arrivée de vos amis à une grande fête. Répondez à ses questions. Utilisez *le pronom en.*

1. Nicole est venue d'Italie ?   Oui ! _____

2. Marc est venu du Danemark ?   Non. _____

3. Ah...c'est vrai. Marc va partir des Pays-Bas ?   Oui ! _____

4. Nathalie vient de partir d'Angleterre ?   Oui ! _____

5. Alex part de New York ?   Non. _____

6. Alex va partir de Washington D.C. avec Mike ?   Oui ! _____

7. Alice est partie du Mexique ?   Non. _____

8. Ah... oui ! Elle doit partir de Californie.   Oui ! _____

9. Thomas vient du Caire avec son amie ?   Non. _____

10. Et toi ? Tu vas venir de Barcelone ?   Oui ! _____

B. *Portable.* Marguerite répond à son portable. Elle a une mauvaise connexion et il faut tout répéter. Complétez sa conversation avec *le pronom y* ou *en* selon le contexte.

Allô ? Ah oui … bonjour. A l'appartement ? Ben oui ! Je/j' _____ suis évidemment.

Comment ? De la fac ? Oui, oui, oui. Fred _____ vient.

A la bibli ? Oui, il va _____ passer avant de rentrer.

Moi ? En France ? Euh … non, je ne peux pas _____ aller.

De France ? Tu sais que je/j' _____ suis.

Mes parents … en France ? Oui … ils _____ habitent toujours.

A la fac ? Tu le sais déjà … je/j'_____ suis étudiante et oui je/j'_____ étais ce matin et je/j'_____ vais cet après-midi.

Comment ? De Belgique ? Tu vas _____ partir demain ?

Ici … à Rome ? Tu vas _____ venir demain ?

Qu'est-ce qu'il y a ? Rien ! Ben … voilà Fred ! Je te le passe ….

Marguerite fait signe à Fred que sa copine va venir à Rome le lendemain. Ça va être un peu compliqué car sa copine américaine va aussi _____ venir le lendemain !

Mise en pratique

A. *Qu'est-ce qui s'est passé ?* Une jeune étudiante tient un journal intime. Mettez son entrée du 23 mars *au passé composé*. Attention à l'accord des participes passés !

le 23 mars

Mon ami frappe à ma porte. Il m'invite à sortir avec nos colocataires. Je refuse mais il me persuade de sortir. Je sors avec eux. Nous nous promenons dans les rues vides. Nous trouvons des clubs intéressants et nous rencontrons d'autres jeunes étudiants. Nous nous amusons ensemble. Les clubs ferment. Nous rentrons chez nous très tard. Quelle belle nuit !

le 23 mars

_____

_____

_____

_____

_____

B. *Comment c'était ?* L'étudiante continue son entrée du 23 mars. Mettez le paragraphe suivant *à l'imparfait*.

le 23 mars

C'est samedi soir. Il est 10 heures. Il fait beau. Le ciel est clair et les étoiles brillent. Je suis dans ma chambre. Je peux entendre mes camarades. Ils font beaucoup de bruit, ils parlent très fort, ils rient beaucoup et ils s'amusent. J'ai beaucoup de travail à faire et je suis en train d'écrire dans mon journal. Je m'ennuie un peu, le bruit me dérange et j'ai du mal à me concentrer mais je veux travailler. Les autres vont sortir...

le 23 mars

_____
_____
_____
_____
_____
_____
_____

C. **_Quelle belle nuit !_** Mettez les deux paragraphes (celui de l'exercice A et celui de l'exercice B) ensemble pour écrire l'entrée du journal. Ajoutez des éléments (des adverbes, des conjonctions, etc.) pour créer une entrée intéressante. Utilisez **_le passé composé_** et **_l'imparfait_**. Attention à l'accord des participes passés !

le 23 mars

_____
_____
_____
_____
_____
_____
_____
_____
_____
_____
_____

D. *Géographie*. Complétez les phrases suivantes avec les villes, les pays, les continents, les langues et les nationalités qui conviennent. Ajoutez *les articles* et *les prépositions* nécessaires.

Modèle :   Les Français sont <u>de France</u>. <u>La France</u> se trouve <u>en Europe</u>. <u>Paris</u> est la capitale.

Les Français parlent <u>français</u> <u>à Paris</u> et <u>en France</u>.

Continents	Pays/Iles	Capitales	Nationalités	Langues
Afrique	Allemagne	Berlin	Allemand	allemand
Amérique	Angleterre	Beyrouth	Américain	anglais
Asie	Canada	Caire	Anglais	arabe
Europe	Danemark	Copenhague	Canadien	bichelamar
Océanie	Egypte	Hanoï	Danois	créole
	Etats-Unis	Libreville	Egyptien	danois
	Gabon	Londres	Gabonais	français
	Haïti	Ottawa	Haïtien	vietnamien
	Liban	Port-au-Prince	Libanais	
	Vanuatu	Port-Vila	Vanuatuan	
	Viêt-Nam	Washington D.C.	Vietnamien	

1. Les   Américains   sont   _____.   _____   se   trouvent
_____.   _____   est la capitale.   Les   _____
parlent _____   _____   et _____.

2. Les   Anglais   sont   _____.   _____   se   trouve
_____.   _____   est la capitale.   Les   _____
parlent _____   _____   et _____.

3. Les   Danois   sont   _____.   _____   se   trouvent
_____.   _____   est la capitale.   Les   _____
parlent _____   _____   et _____.

4. Les   Egyptiens   _____.   _____   se   trouvent
_____.   _____   est la capitale.   Les   _____   parlent
_____   _____   et _____.   (On y parle aussi
anglais et français !)

5. Les   Gabonais   sont   _____.   _____   se   trouvent
_____.   _____   est la capitale.   Les   _____
parlent _____   _____   et _____.

6. Les Haïtiens sont _____.   _____   se trouvent _____.
_____   est la capitale. Les _____   parlent _____
_____   et _____. (Le français y est aussi une langue officielle !)

7. Les   Libanais   sont   _____.   _____   se   trouvent
_____.   _____   est la capitale.   Les   _____   parlent
_____   _____   et _____.   (On y parle aussi anglais,
arménien et français !)

8. Les Québécois sont _____. _____ se trouvent _____. _____ est la capitale. Les _____ parlent _____ _____ et _____, mais les Québécois parlent français et anglais.

9. Les Vanuatuans sont _____. _____ se trouvent _____. _____ est la capitale. Les _____ parlent _____ _____ et _____. (Les deux autres langues officielles sont l'anglais et le français.)

10. Les Vietnamiens sont _____. _____ se trouvent _____. _____ est la capitale. Les _____ parlent _____ _____ et _____. (Il y a aussi des gens qui y parlent français).

E. *Origines*. Vous parlez de la généalogie avec vos parents. Inventez des dialogues selon le modèle. Soyez créatif/ve et utilisez *les pronoms y* et *en*.

Modèle : Vous : Mon arrière arrière-grand-père est né en France ?

Vos parents : *Oui, il y est né. Il est parti de France pour aller en Italie.*

Vous : Ah oui ! Je sais qu'il en est parti pour y aller et qu'après il a déménagé aux Etats-Unis.

Vos parents : *Oui, c'est ça. Il y a déménagé et il y a rencontré ton arrière arrière-grand-mère.*

Dialogue 1

_____
_____
_____
_____

Dialogue 2

_____
_____
_____
_____

Dialogue 3

_____
_____
_____
_____

Communication

A. *Quoi de neuf ?* Vous rencontrez votre ami/e au café. Il/elle décrit ce qu'il/elle a fait hier. Vous lui posez des questions et il/elle vous répond. Utilisez *le passé composé*.

> Modèle :   Etudiant 1 :   *Tiens ! Ça va ? Qu'est-ce que tu as fait hier ?*
>   Etudiant 2 :   *Oui ! Ça va bien ! Je me suis levé/e tôt. Je suis allé/e en classe...*

B. *C'était amusant ?* Votre ami/e est allé/e à une soirée hier soir. Vous lui posez des questions et il/elle vous donne une description de comment c'était. Utilisez *l'imparfait*.

> Modèle :   Etudiant 1 :   *Et alors ? Comment c'était ? Il y avait du monde ?*
>   Etudiant 2 :   *C'était amusant ! Il y avait du monde !*

C. *Une histoire.* Vous avez un/e petit/e ami/e qui adore parler de ses études à l'université ! Ça vous intéresse et vous lui posez des questions pour en savoir plus. Utilisez *le passé composé* et *l'imparfait*.

> Modèle :   Etudiant 1 :   *Où est-ce que tu as fait tes études ?*
>   Etudiant 2 :   *J'ai fait mes études en France. Quand j'avais 20 ans, je voulais aller à l'étranger. Je suis allé en Australie pendant un an...*

D. *Noms géographiques.* Interrogez votre partenaire sur la géographie du monde. Choisissez dix pays. Votre partenaire vous donnera les continents et quelques villes qui correspondent aux pays. Changez de rôles. Attention *aux articles* et *aux prépositions* qui introduisent les noms !

> Modèle :   Etudiant 1 :   *Le pays : La France*
>   Etudiant 2 :   *Le continent : L'Europe ; une ville (et la capitale) : Paris*

E. *Vive les vacances !* Vous planifiez un voyage avec votre meilleur/e ami/e. C'est fatigant parce que votre ami/e a beaucoup voyagé. Vous proposez des destinations et votre partenaire vous dit qu'il/ elle a déjà visité le pays, la ville, l'île, etc. Il/elle utilise *le pronom y* dans sa réponse.

> Modèle   Etudiant 1 :   *Je veux aller en Europe. On peut aller en France !*
>   Etudiant 2 :   *Je ne veux pas y aller. J'y suis allé/e l'année dernière !*

F. *Acteurs et actrices.* Vous êtes un/une stagiaire chargé/e d'accueillir les acteurs et les actrices quand ils arrivent au Festival de Cannes. Vous leur demandez d'où ils arrivent et si leur voyage s'est bien passé. Votre partenaire joue le rôle des acteurs/des actrices. Utilisez *le passé composé* et *le pronom en*.

> Modèle :   Etudiant 1 :   *Bonjour Catherine (Zeta-Jones) ! Vous arrivez du Royaume-Uni ? Votre voyage s'est bien passé ?*
>   Etudiant 2 :   *Oui ! J'en arrive. Mon voyage s'est très bien passé !*

G. *Préférences*. Vous parlez avec vos partenaires des films que vous avez vus récemment. Quels films préférez-vous ? Discutez de vos préférences et décidez pourquoi vous aimez et vous n'aimez pas les films. Pensez aux éléments suivants et présentez vos résultats à vos camarades de classe.

Eléments d'un film	
- le genre	- l'intrigue/l'histoire
- le réalisateur	- le décor
- les acteurs/les actrices	- les effets spéciaux
- le tournage	- la musique

Préférences			
	Titre	**J'aime...**	**Je n'aime pas...**
Film 1			
Film 2			
Film 3			
Film 4			
Film 5			

A. Personnages. Reliez les descriptions à droite avec *les personnages* à gauche.

_____	1.	Xavier	A.	C'est une hippie farfelue.
_____	2.	la mère de Xavier	B.	C'est le propriétaire de « l'auberge espagnole ».
_____	3.	le père de Xavier	C.	C'est une femme qui n'accepte plus la vie de Xavier.
_____	4.	Jean-Charles Perrin	D.	C'est une femme timide, réservée et coincée.
_____	5.	Martine	E.	C'est un jeune homme optimiste et enthousiaste.
_____	6.	Jean-Michel	F.	C'est un fonctionnaire au Ministère des finances.
_____	7.	Anne-Sophie	G.	C'est un jeune homme borné et intolérant.
_____	8.	Bruce	H.	C'est un guitariste cool et décontracté.
_____	9.	William	I.	C'est un ami de Jean-Charles Perrin.
_____	10.	M. Cucurull	J.	C'est un neurologue sympa mais dominateur.

B. Chronologie. Mettez les phrases suivantes en ordre chronologique.

_____ Au début de son séjour, il a eu du mal à comprendre l'espagnol et à trouver un logement.

_____ Après, il s'est renseigné sur le programme Erasmus.

_____ Il a enfin trouvé un appartement avec des colocataires sympas.

_____ Finalement, il a dû quitter Barcelone et il est rentré en France.

_____ Les colocataires sont devenus amis et petit à petit Xavier a maîtrisé la langue espagnole.

_____ Puis, il a quitté la France et il est arrivé à Barcelone.

_____ D'abord, Xavier a eu rendez-vous avec Jean-Charles Perrin.

C. Vrai ou faux ? Indiquez si les phrases suivantes sont vraies ou fausses.

1. vrai   faux   Xavier a du mal à préparer son dossier Erasmus à cause de la bureaucratie.

2. vrai   faux   Xavier est content de quitter la France parce qu'il n'aime plus Martine.

3. vrai   faux   Xavier appelle le couple français parce qu'il a besoin d'être hébergé.

4. vrai   faux   Xavier trouve un appartement avec des colocataires sympathiques.

5. vrai   faux   Les colocataires ne sont pas amis parce qu'ils parlent des langues différentes.

6. vrai   faux   Martine rend visite à Xavier et elle trouve son appartement génial !

7. vrai   faux   Les colocataires apprécient l'humour de William.

8. vrai   faux   Les colocataires s'unissent pour avertir Wendy de l'arrivée d'Alistair.

9. vrai   faux   Malheureusement, William ne fait aucun effort pour aider Wendy.

10. vrai   faux   A la fin du film, tous les colocataires sont prêts à quitter Barcelone.

D. *Nationalités.* Indiquez les personnages qui représentent les nationalités suivantes.

1. Américain   _____

2. Anglais   _____

3. Belge   _____

4. Danois   _____

5. Espagnol   _____

6. Français   _____

E. *Critiques.* Vous êtes critique de films et vous critiquez le film *L'Auberge espagnole*. Ecrivez une seule phrase pour donner une critique pour ou contre le film.

👍 👎   Un film ennuyeux qui traîne un peu trop !

👍 👎   C'est un film à voir avec un casting malin et une direction impeccable !

👍 👎   _____

👍 👎   _____

👍 👎   _____

👍 👎   _____

👍 👎   _____

Exercices de vocabulaire

A. *Personnages !* Utilisez *les adjectifs* suivants pour décrire les personnages du film.

Adjectifs				
borné	désordonné	impulsif	organisé	sympathique
calme	dominateur	indépendant	ouvert	tendre
coincé	enthousiaste	insensible	renfermé	tendu
confiant	égoïste	intelligent	sensible	timide
démonstratif	farfelu	optimiste	sérieux	triste
décontracté	fier	ordonné	sociable	

1. Xavier est un étudiant _____

2. La mère de Xavier est une femme _____

3. Martine est une jeune femme _____

4. Jean-Michel est un homme _____

5. Anne-Sophie est une jeune femme _____

6. Alessandro est un étudiant _____

7. Isabelle est une étudiante _____

8. Lars est un étudiant _____

9. Soledad est une étudiante _____

10. Tobias est un étudiant _____

11. Wendy est une étudiante _____

12. William est un jeune homme _____

B. *Erasmus !* Complétez le paragraphe suivant avec *le vocabulaire* qui convient.

Vocabulaire
à la fac
au Ministère
d'un bureau
espagnol
formulaires
frustré
la bureaucratie
rendez-vous
s'inscrire
ses études
son DEA
son dossier
un CV
une lettre

Xavier a _____ avec Jean-Charles Perrin. Jean-Charles travaille _____ des finances. Il explique à Xavier qu'il y aura un poste après _____. Il faut pourtant que Xavier sache parler _____. Xavier décide donc de faire _____ à Barcelone. Il va _____ pour se renseigner sur le programme Erasmus. Il passe beaucoup de temps à aller _____ à un autre mais il arrive à trouver la personne avec qui il faut parler. La femme explique à Xavier que _____ n'est pas complet. Xavier est _____ ! La femme continue à lui expliquer qu'il faut : _____, _____ de motivation et beaucoup d'autres _____ ! Malgré toute _____, Xavier arrive à _____ au programme Erasmus !

C. *Qu'est-ce que c'est ?* Xavier aide ses colocataires à apprendre le français. Il leur donne des définitions des mots suivants. Reliez ses explications avec *le vocabulaire* ci-dessous.

Vocabulaire		
une auberge (espagnole)	la découverte	la fac (la faculté)
le bac	les études supérieures	une langue étrangère
un boulot	des études à l'étranger	une union
la bureaucratie		

1. _____ C'est tout ce qui complique les choses et tout ce qu'il faut faire et refaire : des tas de formulaires à remplir, des tas de gens avec qui il faut parler, etc. C'est en général beaucoup de travail inutile.

2. _____ On va au lycée et à la fin des études, on passe cet examen difficile. Quand on l'a, on peut faire des études supérieures.

3. _____ C'est un mot qui veut dire l'université.

4. _____ C'est ce que je fais ici à Barcelone. J'allais à la fac en France mais je voulais quitter la France pour étudier à Barcelone, pour perfectionner mon espagnol et pour apprendre la culture espagnole.

5. _____ Après avoir réussi au bac, on peut continuer à faire des études pour obtenir un diplôme.

6. _____ Je parle espagnol. C'est la deuxième langue que je parle.

7. _____ C'est une maison où les voyageurs peuvent s'héberger. Selon le film, c'est l'endroit où l'on y trouve ce qu'on y apporte.

8. _____ C'est un mot familier. Après avoir fait des études supérieures, on est supposé être adulte. On doit se lever tôt, on doit aller au bureau, on doit gagner de l'argent.

9. _____ C'est ce que nous avons ici : on a une sorte d'harmonie, on se comprend, on s'entraide, on se soutient, on travaille pour créer une meilleure vie ensemble. C'est un peu comme l'Europe.

10. _____ C'est l'action d'avoir trouvé quelque chose d'inconnu ou quelque chose qui était caché ou même ignoré. Par exemple, pendant mon séjour, j'ai appris que je ne veux pas être fonctionnaire !

Exercices de grammaire

Le passé composé

A. **_Bruce_.** Xavier raconte à Martine ce qui s'est passé le soir où Wendy a rencontré Bruce. Complétez le paragraphe suivant avec **_le passé composé_** des verbes entre parenthèses. Attention à l'accord des participes passés !

Nous _____ (rencontrer) Bruce dans un bar. Wendy _____

(inviter) Bruce à nous rejoindre. On _____ (trouver) un coin isolé et Bruce

_____ (sortir) sa guitare. Il _____ (se mettre) à jouer de sa

guitare et il _____ (chanter) « No Woman, No Cry ». Je/j'_____

(ne...pas/aimer) la chanson, mais Wendy la/l'_____ (adorer) ! Je pense qu'elle

avait trop bu et qu'elle _____ (ne...pas/entendre) toutes les fausses notes ! Nous

_____ (finalement / rentrer) chez nous. Bruce _____ (venir)

avec nous. Je _____ (aller) dans ma chambre pour écrire dans mon journal et

je _____ (se souvenir) de quelque chose : Wendy a un petit ami en Angleterre !

Le pauvre !

B. **_Appart ?_** Xavier écrit dans son journal. Mettez son texte **_au passé composé_**. Attention à l'accord des participes passés !

Je trouve un appartement ! Ce matin, je me réveille tôt, je me lève et je me prépare pour ma journée. Je prends le petit-déjeuner avec Anne-Sophie et je pars. Je vais à la fac où je lis un journal. J'y trouve une petite annonce intéressante. Je cherche une cabine téléphonique et je parle avec un jeune homme qui me dit de venir voir l'appartement tout de suite. J'ai un peu de mal à trouver l'appartement mais je réussis à le trouver quand même ! Quand j'y arrive, je rencontre les cinq colocataires. Je m'assieds et ils se mettent à me poser beaucoup de questions (même des questions indiscrètes) ! On parle du loyer, des chambres, des problèmes éventuels, etc. et on décide de me prendre comme colocataire. Quelle chance !

_____

(lined blank writing area)

L'imparfait

A. _**Ça suffit !**_ Wendy parle à William de son comportement insupportable. Complétez le dialogue suivant avec _**l'imparfait**_ des verbes entre parenthèses.

Wendy :   Nous _____ (passer) une soirée agréable mais tu _____

(ne...pas/être) sympa avec mes amis ! Tu _____ (parler) sans cesse.

Tu _____ (rire) trop fort. Tu _____ (se moquer) de tout le

monde. Tu _____ (ne...pas/faire) attention à ce que tu _____

(dire). Personne ne _____ (vouloir) rester à table avec toi !

William :   Mais non Wendy !   Nous _____ (s'amuser) !   Xavier et Lars

_____ (rire) beaucoup !

Wendy :   Ce/C'_____ (ne...pas/être) amusant ! Personne ne _____

(rire) !

William :   C'est parce que toi et tes amis _____ (ne...pas/vouloir) vous amuser !

Vous _____ (être) trop sérieux toute la soirée !

Wendy :   Tu _____ (ne...pas/savoir) qu'on en _____ (avoir)

marre ! Ça suffit William ! Je n'en peux plus !

B. **Soirée**. Wendy écrit dans son journal. Elle décrit une soirée inoubliable. Mettez sa description *à l'imparfait*.

C'est vrai que je ne veux pas sortir mais je m'ennuie dans ma chambre et je ne peux pas me concentrer. Les autres font trop de bruit. Quand j'habite en Angleterre, je sors souvent mais je n'aime pas vraiment sortir. Ce soir, il fait un peu chaud et j'ai envie de me changer les idées. Le club est charmant ! Les gens dansent, ils chantent, ils rient et ils s'amusent beaucoup ! Moi aussi ! Je danse et je regarde un jeune homme américain qui a l'air décontracté et sympa. Il joue de sa guitare et il chante de belles chansons. C'est le coup de foudre !

_____
_____
_____
_____
_____
_____
_____

Le passé composé v. l'imparfait

A. **Arrivée-1**. Lisez les phrases suivantes et déterminez si les phrases indiquent *une action* (ce qui s'est passé = le passé composé), *une description* (l'imparfait) ou *une action* et *une description*.

1. action   description   Il est triste pendant le vol.
2. action   description   Il débarque de l'avion.
3. action   description   Il va chercher ses valises.
4. action   description   Il attend ses valises quand il fait la connaissance d'un couple français.
5. action   description   Ils sont sympas mais la femme ne parle pas beaucoup.
6. action   description   Il prend leurs coordonnées et il quitte l'aéroport.
7. action   description   Le soleil brille et il fait chaud. Il est optimiste !

8.   action   description   Il prend le métro, il arrive au centre-ville et il se perd.

9.   action   description   Il demande donc de l'aide à un jeune Barcelonais.

10. action   description   Il est prêt à commencer son aventure !

B. **Arrivée-2.** Racontez l'arrivée de Xavier à Barcelone. Mettez le paragraphe suivant *au passé composé* et *à l'imparfait*. Attention à l'accord des participes passés !

Xavier _____ (être) triste pendant le vol. Il _____ (débarquer) de l'avion et il _____ (aller) chercher ses valises. Il _____ (attendre) ses valises quand il _____ (faire) la connaissance d'un couple français. Ils _____ (être) sympas mais la femme _____ (ne...pas/beaucoup/parler). Il _____ (prendre) leurs coordonnées et il _____ (quitter) l'aéroport. Le soleil _____ (briller) et il _____ (faire) chaud. Il _____ (être) optimiste ! Il _____ (prendre) le métro, il _____ (arriver) au centre-ville et il _____ (se perdre). Il _____ (donc/demander) de l'aide à un jeune Barcelonais. Il _____ (être) prêt à commencer son aventure !

C. **Martine.** Xavier décrit la visite de Martine dans son journal. Complétez son texte avec *le passé composé* ou *l'imparfait* des verbes entre parenthèses. Attention à l'accord des participes passés !

Quand Martine _____ (arriver) à l'aéroport, je/j' _____ (être) très content de la voir. Elle _____ (avoir) l'air content aussi ! On _____ (visiter) Barcelone et puis nous _____ (rentrer) chez moi. Mes colocataires _____ (avoir) envie de la rencontrer et ils _____ (être) sympas avec elle. On _____ (décider) de dîner ensemble. Pendant le repas, nous _____ (s'amuser), on _____ (raconter) des anecdotes et on _____ (rire). Tout à coup, Martine _____ (se lever) et elle _____ (partir). Je la/l' _____ (suivre). Elle _____ (aller) dans ma chambre. Elle _____ (critiquer) ma chambre, mes amis et ma vie à Barcelone. Elle _____ (ne...pas/vouloir) et elle _____ (ne...pas/pouvoir) comprendre que je/j' _____ (être) content ! Je/j' _____ (essayer) de lui expliquer la situation. Il _____ (falloir) qu'elle comprenne ! Hélas, elle _____ (ne...pas/comprendre). Je la/l' _____ (accompagner) à l'aéroport. Nous _____ (se dire) au revoir et je/j' _____ (savoir) que ce/c' _____ (être) la fin de notre vie de couple et que tout _____ (aller) changer ....

A. *D'où venez-vous ?* Les colocataires parlent de leur pays d'origine et de leurs voyages. Complétez leur dialogue avec *les articles* et *les prépositions* qui conviennent (si cela est nécessaire).

Alessandro : Je viens _____ Italie. Ma famille habite _____ Rome et ma petite amie vit _____ Venise. J'ai visité _____ Etats-Unis il y a un an. Je suis allé _____ NYC et _____ Boston. Je voulais aller _____ Texas pour voir des cow-boys mais j'ai dû aller _____ Floride pour voir des amis de mes grands-parents.

Lars : Je suis _____ Danemark. J'ai habité longtemps _____ Copenhague avec ma famille mais maintenant elle habite _____ Norvège. Je voyage beaucoup et j'aime surtout les îles tropicales. L'année dernière, je suis allé _____ Tahiti, _____ Réunion et _____ Vanuatu. C'était formidable !

Soledad : Je suis _____ Tarragona. Toute ma famille habite _____ Espagne. Je voyage beaucoup. L'été dernier, j'ai visité _____ Chypre. C'était incroyable !

Tobias : Je suis _____ Allemagne. J'ai habité _____ Berlin et _____ Munich. J'ai fait des études _____ Etats-Unis et je suis _____ Espagne pour étudier le marketing.

Wendy : Moi ? Oh, je ne voyage pas beaucoup. Je suis allée _____ Irlande et _____ Ecosse. Evidemment, je viens _____ Angleterre. Ma famille et mon petit ami vivent _____ Londres.

Xavier : Je viens _____ France. Ma famille, ma petite amie, mes amis, etc. habitent _____ Paris. J'ai visité _____ Canada il y a deux ans. J'ai beaucoup aimé les villes _____ Québec comme _____ Montréal et _____ Québec.

B. *Visite inattendue !* Alistair appelle Wendy et il tombe sur Alessandro qui lui pose des questions. Ecrivez les réponses d'Alistair. Utilisez *les pronoms y* et *en* dans votre réponse.

Alessandro : Allô ? Ah ! Bonjour, Alistair. Tu es **en Espagne** ?

Alistair : Oui, oui. _____

Alessandro : C'est-à-dire que tu es parti **de Londres** ce matin ?

Alistair : Oui, c'est ça. _____

Alessandro : Je ne comprends pas. Tu n'es plus **en Angleterre** ?

Alistair : Ben ... non ! _____

Alessandro : Ça veut dire que tu es **à Barcelone** ?

Alistair : Ben ... oui ! _____

Alessandro : Tu vas aller **à l'appartement** ?

Alistair : Euh... oui... _____

Alessandro : Oh la la ! Ne quitte pas l'aéroport ! J'arrive !

Jeux

A. **Expressions.** Lisez les phrases suivantes et choisissez les réponses qui ont le même sens des mots soulignés.

Notez bien que ces expressions sont familières et elles devraient être utilisées avec discrétion !

1. Xavier explique que sa mère dit toujours la vérité parce qu'elle est <u>baba</u>.
   a. Elle est hippie.
   b. Elle est enfantine.

2. Selon Xavier, le processus de poser sa candidature au programme Erasmus est un désordre <u>**innommable**</u> !
   a. Le processus est amusant !
   b. Le processus est compliqué et désorganisé !

3. Le dossier de Xavier est <u>**paumé**</u>. Ce n'est pas de sa faute !
   a. Le dossier est comme une pomme.
   b. Le dossier est perdu.

4. Martine et Xavier passent une soirée ensemble et Martine <u>**flippe**</u>.
   a. Elle est triste et déprimée.
   b. Elle s'amuse beaucoup.

5. Jean-Michel aime Barcelone. Il dit à Xavier « Tu vas <u>**t'éclater**</u> ! »
   a. Il pense que Xavier ne va pas aimer Barcelone.
   b. Il pense que Xavier va beaucoup s'amuser à Barcelone.

6. Selon Jean-Michel, la ville est <u>**mortelle**</u> ! C'est une ville de <u>**fous furieux**</u>.
   a. La ville provoque la mort. C'est une ville où beaucoup de gens sont malades.
   b. La ville est chouette. C'est une ville où beaucoup de gens aiment faire la fête.

7. Jean-Michel invite Xavier à s'héberger chez lui. C'est <u>**vachement sympa**</u> !
   a. Ce n'est pas une bonne idée.
   b. C'est très gentil de la part de Jean-Michel.

8. Xavier parle de l'amour avec Isabelle. Ils sont d'accord : c'est <u>**la galère**</u>.
   a. L'amour est pénible.
   b. L'amour est comme une galerie d'art.

B. _Sketchs_. Utilisez les mots et les expressions de l'exercice A (à la page 38) pour créer un sketch basé sur une des situations suivantes. Développez votre dialogue et présentez le sketch à vos camarades de classe.

Sketch 1
Des étudiants posent leur candidature à un programme d'échange. Comment est le processus ?

Sketch 2
Un étudiant part étudier à l'étranger. Sa petite amie est triste. Qu'est-ce qui se passe ?

Sketch 3
Un jeune homme rencontre un autre jeune homme/une jeune femme qu'il n'aime pas. Qu'est-ce qui se passe ?

Sketch 4
Des étudiants voyagent ensemble. Ils arrivent dans une ville qu'ils ne connaissent pas. Qu'est-ce qui se passe ?

Sketch 5
Trois étudiants sortent ensemble et ils s'amusent beaucoup. Où vont-ils ? Que font-ils ?

C. _Réinvention_. Choisissez une des scènes suivantes. Regardez la scène plusieurs fois et développez un dialogue qui correspond à la scène. Présentez votre scène à vos camarades de classe.

Scène 1 : Interview!	
Situation :	24 minutes 20 secondes
Personnages :	Xavier, Alessandro, Soledad, Wendy, Lars, Tobias
Intérêt principal :	Les colocataires interviewent Xavier.

Scène 2 : Paumé!	
Situation	39 minutes 30 secondes
Personnages :	Xavier, M. Cucurull, un acheteur éventuel, les autres colocataires
Intérêt principal :	Le propriétaire veut expulser les colocataires.

Scène 3 : Catastrophe!	
Situation :	1 heure 44 minutes
Personnages :	Alessandro, Alistair, Xavier, Tobias, William, Soledad, Lars, Isabelle
Intérêt principal :	Alistair arrive à Barcelone.

Mise en pratique

A. *En général*. Répondez aux questions suivantes. Ecrivez deux ou trois phrases.

1. Décrivez le début du film. Qu'est-ce qui se passe ?

   _____

   _____

   _____

2. Pourquoi est-ce que Xavier décide d'étudier à Barcelone ?

   _____

   _____

   _____

3. Qui est Erasme selon Xavier ? Pourquoi est-ce qu'il veut savoir ?

   _____

   _____

   _____

4. Pourquoi est-ce que Xavier et Martine sont tristes à l'aéroport ?

   _____

   _____

   _____

5. Quelle est l'attitude de Xavier envers sa mère dans la scène à l'aéroport ? Expliquez.

   _____

   _____

   _____

6. Quelle est l'ironie de l'arrivée de Xavier à l'aéroport à Barcelone ?

   _____

   _____

   _____

7. Comment est-ce que Xavier se sent quand il arrive au centre-ville ? Expliquez.

   _____

   _____

   _____

8. Pourquoi est-ce que Xavier appelle Jean-Michel ?

   _____

   _____

   _____

9. Décrivez le comportement de Jean-Michel envers sa femme. Quel est le résultat ?

_____

_____

_____

10. Est-ce que Xavier trouve facilement un logement permanent à Barcelone ? Expliquez.

_____

_____

_____

11. Est-ce que les colocataires arrivent à se comprendre malgré les différences de langue et de nationalité ? Expliquez.

_____

_____

_____

12. Comment est-ce que l'aventure entre Xavier et Anne-Sophie se développe ? Est-ce qu'elle se termine bien ?

_____

_____

_____

13. Comment est-ce que les colocataires s'unissent pour aider Wendy ? Comment est-ce que Klapisch montre l'angoisse des colocataires ?

_____

_____

_____

14. Qu'est-ce que Xavier fait quand il est embauché au Ministère des finances ? Pourquoi ?

_____

_____

_____

15. Décrivez la dernière scène du film. Comparez cette scène avec la première scène du film.

_____

_____

_____

Communication

A. *Inspiration !* Cédric Klapisch a rendu visite à sa sœur quand elle participait à un programme Erasmus. Il a trouvé ses anecdotes amusantes. Jouez les rôles de Klapisch et de sa sœur avec votre partenaire. Klapisch lui pose des questions et elle lui répond pour l'aider à développer un scénario. Présentez votre dialogue à vos camarades de classe. Utilisez *le passé composé*.

   Modèle : Etudiant 1 : *Quand as-tu décidé de partir ?*
   Etudiant 2 : *J'ai décidé d'étudier à l'étranger après avoir essayé de trouver du travail.*

B. *Comment c'était ?* Klapisch et sa sœur continuent à parler du programme Erasmus. Jouez les rôles de Klapisch et de sa sœur avec votre partenaire. Klapisch lui demande de décrire son année à l'étranger, sa routine quotidienne, ses colocataires, ses émotions, etc. Présentez votre dialogue à vos camarades de classe. Utilisez *l'imparfait*.

   Modèle : Etudiant 1 : *Quelle était ta routine quotidienne ?*
   Etudiant 2 : *J'avais une routine assez typique. Je me levais tard, j'allais en classe, je faisais des recherches, etc.*

C. *Catastrophe !* Un soir la sœur de Klapisch est sortie avec une copine. Elles se promenaient au centre-ville quand la copine a vu son petit ami avec une autre femme ! Jouez les rôles de Klapisch et de sa sœur avec votre partenaire. Klapisch pose des questions sur les événements de la soirée. Présentez votre dialogue à vos camarades de classe. Distinguez bien entre l'emploi *du passé composé* et *de l'imparfait*.

   Modèle : Etudiant 1 : *Qu'est-ce qui s'est passé hier soir ?*
   Etudiant 2 : *C'était la catastrophe ! Nous nous promenions quand nous avons vu son petit ami au café...*

D. *Quiz.* Vous interrogez votre partenaire sur la géographie du monde. Choisissez un pays de chaque continent. Votre partenaire vous donne le continent, la capitale, la nationalité et la langue officielle de chaque pays. Suivez le modèle et faites attention *aux articles et aux prépositions* ! Changez de rôles !

   Modèle : Etudiant 1 : *L'Europe : la France*
   Etudiant 2 : *La France est en Europe. Paris est la capitale. Les Français parlent français.*

E. *Réunion.* Les colocataires se revoient cinq ans plus tard. Xavier est le seul colocataire à être arrivé et il parle au téléphone avec Wendy pour savoir où sont les autres et d'où ils vont venir. Jouez les rôles de Xavier et de Wendy. Suivez le modèle et utilisez *les pronoms y et en*.

   Modèle : Etudiant 1 : *Alessandro est en Italie ? Il va venir d'Italie ?*
   Etudiant 2 : *Oui...oui. Il y est. Il va en venir demain matin.*

F. *Sondages*. Vous êtes stagiaire à *Ce qui me meut Motion Pictures*. On vous demande de faire un sondage pour apprendre ce que les étudiants pensent du film *L'Auberge espagnole*. Vous allez au Quartier latin pour sonder les étudiants de la Sorbonne. Qu'en pensent-ils ? Jouez le sketch pour vos camarades de classe. Utilisez le vocabulaire suivant pour vous aider.

L'Auberge espagnole Sondage
Vocabulaire
les points forts les points faibles les acteurs / les actrices l'intrigue / l'histoire les scènes le décor la musique les effets spéciaux

Modèle : Etudiant 1 : *Excusez-moi de vous déranger. Avez-vous vu le film* L'Auberge espagnole ? *Que pensez-vous de l'intrigue ?*

Etudiant 2 : *Oui ! J'ai vu le film. J'ai trouvé l'histoire très amusante !*

Photos

A. **Détails**. Regardez l'image et choisissez les bonnes réponses.

1. Où se passe cette scène ?
   a. dans « l'auberge espagnole »
   b. dans l'appartement de Jean-Michel et d'Anne-Sophie
   c. dans l'appartement de Martine

2. Quand cette scène se passe-t-elle ?
   a. C'est une scène vers le début du film.
   b. C'est une scène vers le milieu du film.
   c. C'est une scène vers la fin du film.

3. Qui sont les personnages sur la photo ?
    a. Lars, Alessandro, Wendy, Tobias, Isabelle
    b. Xavier, Alessandro, Wendy, Tobias, Soledad
    c. Lars, Alessandro, Wendy, Tobias, Soledad

4. Qu'est-ce que les personnages sur la photo regardent ?
    a. une conversation entre Xavier et Martine
    b. une conversation entre Xavier et le propriétaire
    c. une conversation entre Xavier et Anne-Sophie

5. Qu'est-ce qui se passe après cette scène ?
    a. Les colocataires cherchent un autre appartement.
    b. Les colocataires cherchent un moyen de pouvoir payer le loyer.
    c. Les colocataires cherchent du travail pour pouvoir payer le loyer.

B. *Chronologie*. Mettez les phrases suivantes en ordre chronologique.

_____ Le propriétaire trouve Xavier responsable.

_____ Ensuite, Xavier sort de sa chambre et il parle avec le propriétaire.

_____ D'abord, Tobias fait entrer le propriétaire de l'appartement.

_____ Le propriétaire montre l'appartement à un acheteur éventuel.

_____ Puis, Tobias avertit ses colocataires et ils se cachent dans la chambre de Wendy.

_____ Finalement, le propriétaire n'expulse pas les étudiants mais il augmente le loyer.

C. *En général*. Répondez aux questions suivantes. Ecrivez deux ou trois phrases.

1. Donnez un titre à la photo. Justifiez votre réponse.

    _____

    _____

    _____

2. Quelle est l'importance de cette scène ?

    _____

    _____

    _____

A. **Détails.** Regardez l'image et choisissez les bonnes réponses.

1. Où se passe cette scène ?
   a. dans l'appartement de Martine
   b. dans l'appartement de Jean-Michel et d'Anne-Sophie
   c. dans « l'auberge espagnole »

2. Quand cette scène se passe-t-elle ?
   a. C'est une scène vers le début du film.
   b. C'est une scène vers le milieu du film.
   c. C'est une scène vers la fin du film.

3. Quel personnage n'est pas sur la photo ?
   a. William
   b. Bruce
   c. Tobias

4. Quel personnage est dans la scène mais pas sur la photo ?
   a. Bruce
   b. Alistair
   c. Martine

5. Qu'est-ce qui se passe après cette scène ?
   a. Wendy parle avec Alistair.
   b. Xavier parle avec Martine.
   c. Les colocataires parlent avec Bruce.

B. *Chronologie*. Mettez les phrases suivantes en ordre chronologique.

_____ D'abord, Alistair arrive à Barcelone et il appelle Wendy.

_____ Ensuite, Alistair arrive à l'appartement et il va dans la chambre de Wendy.

_____ Alessandro répond au téléphone et il apprend qu'Alistair est à Barcelone.

_____ Finalement, Wendy « arrive » et elle est contente de voir son petit ami.

_____ Après, Alessandro appelle les autres colocataires qui rentrent tout de suite chez eux.

_____ William grimpe le long du mur et il entre dans la chambre de Wendy.

_____ Wendy n'est pas là et Alistair l'attend dans le salon.

C. *En général*. Répondez aux questions suivantes. Ecrivez deux ou trois phrases.

1. Faites une description de la photo. Qu'est-ce qui se passe ?

   _____

   _____

   _____

2. Donnez un titre à la photo. Justifiez votre choix.

   _____

   _____

   _____

Lecture

L'Union européenne

L'Union européenne est l'union de plusiers pays instituée en 1992 par le Traité de Maastricht et entré en vigueur le 1er novembre 1993.

SOLIDARITÉ, DIGNITÉ, ÉGALITÉ, JUSTICE

Devise : Unie dans la diversité
Hymne européen : L'Ode à la joie
Jour de l'Europe : le 9 mai
Monnaie : L'euro

Valeurs

- La paix et la stabilité en Europe
- La prospérité des citoyens
- Le rôle international de l'Europe
- La diversité culturelle des pays de l'Europe.

Buts du marché européen

- **la libre circulation des biens**
  - La suppression des contrôles aux frontières intérieures
  - Le rapprochement des différents taux de Taxes á Valeur Ajoutée
  - L'harmonisation des règles européennes
- **la libre circulation des personnes**
  - La liberté de déplacement en Europe
  - La liberté de choisir son domicile en Europe
  - L'harmonisation des diplômes
  - La liberté de choisir sa profession
- **la libre circulation des capitaux**
  - La possibilité d'ouvrir un compte bancaire dans 15 pays européens
  - La liberté de choix pour investir de l'argent dans 15 pays européens
- **la création de l'euro**
  - La monnaie unique européenne de 12 pays européens

Pays membres de l'Union européenne
Capitales : *Luxembourg, Bruxelles, Strasbourg*

A	Autriche	I	Italie
B	Belgique	LT	Lituanie
CY	Chypre	L	Luxembourg
CZ	République tchèque	LV	Lettonie
D	Allemagne	MT	Malte
DK	Danemark	NL	Pays-Bas
EE	Estonie	PL	Pologne
E	Espagne	P	Portugal
FIN	Finlande	S	Suède
F	France	SI	Slovénie
EL	Grèce	SK	Slovaquie
HU	Hongrie	UK	Royaume-Uni
IRL	Irlande		

Langues officielles de l'Union européenne

CS	tchèque	LT	lituanien
DA	danois	HU	hongrois
DE	allemand	MT	maltais
ET	estonien	NL	néerlandais
EL	grec	PL	polonais
EN	anglais	PT	portugais
ES	espagnol	SK	slovaque
GA	*gaélique (2007)*	SL	slovène
FR	français	FI	finnois
IT	italien	SV	suédois
LV	letton		

L'Union européenne : Vocabulaire

l'adhésion : adherence, membership	l'élargissement : expansion	les pièces : coins (currency)
les biens : goods	les frontières : borders	les pouvoirs : powers
les billets : bills (currency)	libre : free	la proposition : proposal
les capitaux : money, assets	le marché : market	le renforcement : strengthening
douanier : customs	la monnaie : currency	les services : services
les droits : duties (taxes)	l'ouverture : opening	la vague : wave

L'Union européenne : 60 ans de construction

1946	Proposition° de création des Etats-Unis d'Europe par Winston Churchill.
1950	Proposition° de création de la Communauté Européenne du Charbon et de l'Acier (CECA) par Schuman.
1951	Traité de Paris : création de la CECA.
1957	Traité de Rome : création de la Communauté Economique Européenne (CEE) et de l'Europe des six (la Belgique, la RFA (Allemagne de l'ouest), la France, l'Italie, le Luxembourg et les Pays-Bas).
1968	Création de l'union douanière (suppression des droits° de douane° entre les pays de la CEE).
1973	Entrée du Danemark, de l'Irlande et du Royaume-Uni dans la CEE.
1974	Création du Conseil Européen.
1981	Entrée de la Grèce dans la CEE.
1986	Entrée de l'Espagne et du Portugal dans la CEE (l'Europe des douze). Acte Unique Européen : création d'un marché° intérieur créant la libre° circulation des biens°, des capitaux° et des services° des pays de la CEE.
1987	Création d'Erasmus.
1990	Unification des deux Allemagnes (RFA et RDA) : entrée de la RDA (République Démocratique Allemande) dans l'Europe des douze.
1991	Monnaie° unique européenne : l'euro.
1993	Traité de Maastricht : création de l'Union européenne (UE) qui remplace la CEE.
1995	Entrée de l'Autriche, de la Suède et de la Finlande dans l'Union européenne (l'Europe des quinze).
1997	Traité d'Amsterdam : l'ouverture° des frontières° des 15 pays européens et le renforcement° des pouvoirs° du Parlement Européen. Création de la Banque centrale européenne (BCE).
1998	Négociations sur « la première vague° » des pays candidats à l'élargissement° de l'Union européenne (Chypre, Estonie, Hongrie, Pologne, République tchèque et Slovénie).
1999	L'euro est adopté comme monnaie° unique par 11 pays (Allemagne, Autriche, Belgique, Espagne, France, Finlande, Irlande, Pays-Bas, Italie, Luxembourg et Portugal).
2000	Les négociations sur « la deuxième vague° » des pays candidats à l'entrée dans l'Union (la Bulgarie, la Lettonie, la Lituanie, la Roumanie, la Slovaquie et Malte).
2001	La Grèce adopte l'euro comme monnaie° unique (12 pays ont l'euro comme monnaie° unique).
2002	Mise en circulation des billets° et des pièces° en euros (les francs circulent légalement jusqu'au 17 février 2002).
2003	Conférence intergouvernementale (CIG) : préparation du projet de la Constitution Européenne.
2004	Signature à Dublin de l'acte d'élargissement° de l'Union européenne : entrée de Chypre, de l'Estonie, de la Hongrie, de la Lettonie, de la Lituanie, de Malte, de la Pologne, de la République tchèque, de la Slovaquie et de la Slovénie (l'Europe des vingt-cinq). Elections européennes dans les 25 pays de l'Union européenne et création de la Constitution européenne. Début des négociations avec la Turquie pour son entrée dans l'Union européenne.
2007	Future adhésion° de la Roumanie et de la Bulgarie (et éventuellement de la Croatie). Future adoption de l'euro comme monnaie° unique en Irlande.

A. *Abréviations*. Trouvez les mots qui correspondent *aux abréviations* suivantes.

1. BCE _____
2. CECA _____
3. CEE _____
4. CIG _____
5. RDA _____
6. RFA _____
7. UE _____

B. *60 ans de construction.* Complétez le tableau suivant pour tracer l'élargissement de l'Union européenne.

Année	# de pays	Noms des pays
1957	6	
1973	9	
1981	10	
1986	12	
1990	12	
1995	15	
2004	25	
2007	27 (28)	

C. *Euro*. Tracez l'évolution de l'euro.

Année	Description
1991	
1997	
1999	
2001	
2002	
2007	

D. *Création.* Déterminez si les phrases suivantes sont vraies ou fausses.

1. vrai   faux   L'Union européenne se compose de tous les pays de l'Europe.

2. vrai   faux   L'Union européenne a été créée en un seul jour.

3. vrai   faux   Le Traité de Rome a établi une « Europe des six ».

4. vrai   faux   L'Union européenne continue à s'élargir.

5. vrai   faux   Tous les pays membres de l'Union européenne ont adopté l'euro.

E. *En général.* Répondez aux questions suivantes. Ecrivez deux ou trois phrases.

1. Quelles sont les valeurs des citoyens de l'Union européenne ?

   _____

   _____

   _____

2. Quels sont les buts du marché unique en Europe ?

   _____

   _____

   _____

3. Que veut dire l'expression « *solidarité, dignité, égalité, justice* » ?

   _____

   _____

   _____

❏ ❏

Compréhension générale

6.000 établissements d'enseignement supérieur dans toutes les régions de France offrent des milliers de formations qui couvrent tous les domaines du savoir. Les formations sont bien adaptées aux besoins et aux intérêts des étudiants.

Etudes supérieures	
1er cycle	
Baccalauréat +2	
DEUG	Diplôme d'Etudes Universitaires Générales
DEUST	Diplôme d'Etudes Universitaires Scientifiques et Techniques*
2e cycle	
Baccalauréat +3 : Licence	
Licence générale	
Licence professionnelle*	
Baccalauréat +4 : Maîtrise	
Maîtrise	
3e cycle	
DEA	Diplôme d'Etudes Approfondies (1 année d'études)
DESS	Diplôme d'Etudes Supérieures Spécialisées* (1 année d'études)
Doctorat (2 - 5 ans de recherches)	

* Les diplômes à objectif professionnel

A. *Abréviations.* Donnez les diplômes qui correspondent aux abréviations et indiquez le nombre d'années d'études (après le bac) qui correspondent aux diplômes.

	# D'années	Diplôme
1. DEUG	_____	_____
2. DEUST	_____	_____
3. DEA	_____	_____
4. DESS	_____	_____

B. *Définitions.* Reliez *le vocabulaire* ci-dessous avec les définitions qui correspondent.

Vocabulaire				
le baccalauréat	le doctorat	l'étudiant	la licence	universitaire
la bureaucratie	les études	la fac	la maîtrise	l'université

1. _____ Le diplôme sanctionnant les études secondaires.

2. _____ L'action d'apprendre ou d'approfondir ses connaissances.

3. _____ La personne qui suit les cours d'une université.

4. _____ Un établissement d'enseignement supérieur.

5. _____ Une abréviation de faculté (un établissement d'enseignement supérior).

6. _____ Ce qui est relatif à l'université ou aux études supérieures.

7. _____ Un acte officiel constatant la capacité d'une personne qui a passé des examens.

8. _____ Le diplôme universitaire obtenu en trois ans d'études après le bac.

9. _____ Le diplôme universitaire obtenu en quatre ans d'études après le bac.

10. _____ Le diplôme le plus élevé des études supérieures.

C. *Erasmus*. Qu'est-ce qu'Erasmus ? Barrez la phrase qui n'est pas logique.

E R A S M U S

Le programme

1. Le programme Erasmus a été créé en 1987.
2. 2.199 d'établissements dans 31 pays participent à Erasmus.
3. A peu près 15.000 enseignants participent à Erasmus.
4. 1.200.000 étudiants ont fait une période d'études à l'étranger depuis 1987.
5. 10 étudiants participent à Erasmus chaque année.

Etudier

1. L'étudiant/e doit être citoyen/ne d'un pays éligible.
2. L'étudiant/e doit être en train de faire des études universitaires.
3. L'étudiant/e doit avoir fini la première année d'études universitaires.
4. L'étudiant/e doit avoir 35 ans pour participer à Erasmus.
5. L'étudiant/e doit passer un minimum de trois mois dans une université étrangère.

Pour les étudiants

1. C'est l'occasion d'étudier à l'étranger.
2. C'est l'occasion de perfectionner une langue étrangère.
3. C'est l'occasion de poursuivre des études élémentaires.
4. C'est l'occasion de rencontrer des étudiants d'autres pays.
5. C'est l'occasion de contribuer au développement d'une Europe unie.

Pour les enseignants

1. C'est l'occasion de prendre des vacances.
2. C'est l'occasion d'enseigner à l'étranger.
3. C'est l'occasion de perfectionner une langue étrangère.
4. C'est l'occasion de rencontrer des enseignants d'autres pays.
5. C'est l'occasion de contribuer au développement d'une Europe unie.

Buts

1. Créer un espace européen d'enseignement supérieur.
2. Promouvoir la mobilité des étudiants en Europe.
3. Promouvoir la mobilité des enseignants en Europe.
4. Développer l'élitisme de l'enseignement supérieur en Europe.
5. Développer des capacités d'adaptation (un niveau personnel, académique et social).

Mise en pratique

A. *Soucis-1*. Avant d'aller à l'université, un étudiant a toujours beaucoup de questions. Lisez *les questions* et mettez-les en ordre d'importance.

_____ Comment se soigner ?

_____ Comment se déplacer ?

_____ Où pratiquer sa religion ?

_____ Où se loger ?

_____ Comment se distraire ?

_____ Où se nourrir ?

_____ Comment gagner de l'argent ?

B. *Soucis-2*. Ecrivez *la question* de l'exercice A qui correspond aux groupes des mots ci-dessous.

_____ *les restaurants universitaires, les fast-food, les supermarchés...*

_____ *le métro, l'autobus, les trains, les taxis, les voitures, les vélos...*

_____ *le travail à mi-temps, les cours particuliers, le baby-sitting...*

_____ *la cité universitaire, les chambres de bonne, la colocation...*

_____ *la pharmacie, l'hôpital, les urgences, le SAMU...*

_____ *les églises, les temples, les mosquées, les synagogues...*

_____ *les musées, les cinémas, les sports, les sorties...*

C. *Quel diplôme ?* Lisez les phrases suivantes et déterminez *quels diplômes* conviennent aux besoins des étudiants.

1. L'étudiant veut terminer ses études universitaires en quatre ans.

    _____

2. L'étudiant veut faire un maximum de deux années d'études supérieures.

    _____

3. L'étudiant veut obtenir le diplôme universitaire le plus élevé.

    _____

4. L'étudiant veut passer trois années à l'université.

    _____

5. L'étudiant a obtenu sa maîtrise et il veut continuer ses études pendant un an.

    _____

D. *En général*. Ecrivez deux ou trois phrases pour répondre aux questions suivantes.

1. Quels sont les avantages du système d'enseignement supérieur français ?

   _____

   _____

   _____

2. Parlez de l'éducation de Xavier. Qu'est-ce qu'il a fait comme études et qu'est-ce qu'il va faire à Barcelone ?

   _____

   _____

   _____

3. Quels sont les avantages de participer au programme Erasmus ?

   _____

   _____

   _____

Recherches

Faites des recherches sur les sujets suivants.

A. *Union !* Vous avez fait des études en sciences politiques et vous êtes stagiaire à la Commission Européenne. Vous êtes chargé/e de créer un dépliant pour promouvoir les valeurs de l'Union européenne. Utilisez les rubriques suivantes comme point de départ.

- La paix et la stabilité sur le territoire européen
- L'accroissement de la prospérité des citoyens européens
- L'accentuation du rôle international de l'Europe
- La richesse de la diversité culturelle des pays européens

    http://jeunes.info-europe.fr/
    http://europa.eu.int/abc/index_fr.htm
    http://www.info-europe.fr/

B. *Euro.* La mise en circulation de l'euro est un événement assez récent. Etudiez la mise en circulation de l'euro en France et présentez son histoire. Utilisez les rubriques suivantes comme point de départ.

- La création de l'euro
- L'adoption de l'euro en France
- La mise en circulation de l'euro
- La transition des francs français à l'euro

    http://europa.eu.int/euro/entry6.html
    http://www.euro.gouv.fr/
    http://www.euro.ecb.int/fr.html

C. *A la fac !* Un/e de vos amis veut aller en France pour faire ses études. Il /elle sait que le système universitaire français n'est pas comme le système universitaire américain et il/elle vous demande de lui expliquer les différences entre les deux systèmes. Vous parlez :

- Des diplômes et des formations
- Des formulaires et du dossier d'inscription
- Des frais d'inscription, des bourses, des aides financières, etc.
- Du coût de la vie et du logement
- Des cours et des examens
- Des vacances et de la vie sociale

    http://www.edufrance.fr/
    http://www.frenchculture.org/education/index.html
    http://www.education.gouv.fr/sup/default.htm

D. **_ERASMUS_**. Vous êtes étudiant/e européen/ne et vous venez de participer à un programme Erasmus. Vous étiez si impressionné/e que vous décidez de créer un Blog sur le programme. Vous y mettez les rubriques suivantes :

- Vous voulez étudier à l'étranger : Le processus pour préparer le dossier
- Vous choisissez un pays et une université : Le pays et l'université d'accueil
- Vous vous préparez à partir : Les aides financières et les bourses
- Vous cherchez un logement : Les résidences universitaires v. les appartements
- Vous y êtes ! Vous vous amusez : Les sorties, les excursions et les activités sociales
- Ça y est ! Vous rentrez chez vous. Que faire maintenant ?

  http://www.cedies.public.lu/ERASMUS/
  http://europa.eu.int/comm/education/
  http://www.education.gouv.fr/europe/default.htm
  http://www.erasmus.ac.uk/

E. **_Audrey Tautou_**. Vous êtes écrivain/e et vous écrivez un livre sur les actrices françaises importantes. Vous décidez d'écrire un chapitre sur Audrey Tautou. Etudiez sa biographie et sa filmographie et décrivez la diversité de ses rôles. Présentez votre chapitre selon les rubriques suivantes.

- Biographie
  - Date de naissance
  - Lieu de naissance
  - Lieu de résidence
  - Famille
- Filmographie
  - Les années 1990
  - Les films récents
- Prix
- Critiques
- Photos
- Adresse

  http://www.imdb.com
  http://www.biosstars.com
  http://www.allocine.fr
  http://www.ecrannoir.fr

☐ ☐

Vocabulaire du cinéma

Les genres de films

un film	*a movie*	un drame	*a drama*
une comédie	*a comedy*	un film d'action	*an action film*
une comédie romantique	*a romantic comedy*	un film d'aventures	*an adventure film*
un documentaire	*a documentary*	un western	*a Western*

Les gens du cinéma

un/e acteur/trice	*an actor/an actress*	un/e réalisateur/trice	*a director*
un héros/une héroïne	*a hero/ a heroine*	un rôle	*a role*
un metteur en scène	*a director*	un rôle principal	*a starring role*
un personnage	*a character*	un/e scénariste	*a screenwriter*
un personnage principal	*a main character*	un/e spectateur/trice	*a viewer*
un personnage secondaire	*a supporting character*	une vedette	*a star (m/f)*

Pour parler des films

les accessoires (m)	*props*	le film à succès	*box office hit*
la bande sonore	*sound track*	l'intrigue (f)	*plot*
le bruitage	*sound effects*	le montage	*the editing*
la caméra	*camera*	la musique de film	*the music score*
la cassette vidéo	*video*	le scénario	*screenplay*
le costume	*costume*	la scène	*scene*
le décor	*background*	le son	*sound*
le DVD	*DVD*	les sous-titres (m)	*subtitles*
l'échec (m)	*flop, failure*	tourner un film	*to shoot a film*
les effets spéciaux (m)	*special effects*	produire un film	*to produce a film*

Pour écrire

J'admire...	*I admire...*	d'ailleurs	*in any case*
J'aime... / je n'aime pas...	*I like.../ I don't like...*	enfin	*finally*
J'apprécie...	*I appreciate, enjoy...*	ensuite	*then, next*
Je déteste...	*I hate...*	en tout cas	*in any case*
Je préfère...	*I prefer...*	finalement	*finally*
Je pense que...	*I think that...*	franchement	*frankly*
à la fin	*at the end*	mal	*poorly, badly*
à mon avis	*in my opinion*	pendant que	*while*
afin de	*in order to*	peu	*little*
après	*after*	premièrement	*firstly*
alors	*so*	quelquefois	*sometimes*
au début	*in the beginning*	souvent	*often*
beaucoup	*a lot*	toujours	*always*
bien	*well*	trop	*too much*
d'abord	*first*	vraiment	*really*

Vocabulaire du film

Les gens

l'amant/e	lover	la femme	wife
l'ami/e	friend	le/la fonctionnaire	civil servant, state employee
l'amoureux/euse	lover	le frère	brother
le/la camarade	friend	le mari	husband
le/la colocataire	roommate, co-tenant	le/la neurologue	neurologist
le compagnon	companion	les parents	parents
le copain/la copine	friend, pal	le/la petit/e ami/e	boyfriend/girlfriend
l'écrivain/e	writer, author	le/la propriétaire	owner
l'étudiant/e	student	la sœur	sister

Les nationalités

allemand/e	German	danois/e	Danish
anglais/e	English	espagnol/e	Spanish
belge	Belgian	européen/ne	European
castillan/e	Castilian	français/e	French
catalan/e	Catalan	italien/ne	Italian

Les endroits

l'aéroport (m)	airport	l'Allemagne (f)	Germany
l'amphithéâtre (m)	amphitheater	l'Angleterre (f)	England
l'appartement (m)	apartment	Barcelone	Barcelona
l'auberge (f)	inn	la Belgique	Belgium
le bureau	office	la Catalogne	Catalonia
la chambre	bedroom	le Danemark	Denmark
la fac (la faculté)	university	l'Espagne (f)	Spain
la livraison de bagages	baggage claim	l'Europe (f)	Europe
le logement	housing	la France	France
la pièce	room (of a home)	l'Italie (f)	Italy
la salle de séjour	living room	l'Union européenne (f)	European Union

A la fac et au travail

le baccalauréat	high school diploma	les études (f)	studies
le boulot (familier)	work	les études supérieures (f)	higher education
la bureaucratie	bureaucracy	le formulaire	form
le cours	course	les frais d'inscription (f)	registration fees
le Curriculum Vitae (CV)	CV, résumé	la lettre de motivation	letter of intent
la demande d'inscription	registration application	les petites annonces (f)	classifieds
le diplôme	diploma	le poste	job, position
le dossier	dossier, file	le travail	job
l'économie (f)	Economics		

Noms divers

l'amitié (f)	friendship	le loyer	rent
l'arrivée (f)	arrival	le portable	cell phone
l'aventure (f)	adventure, love affair	la recherche	search, quest
le bavardage	chit chat	le roman	novel
le coup de téléphone	telephone call	le séjour	stay
le départ	departure	le téléphone	telephone
le frigo	fridge	la traduction	translation
la gueule (très familier)	face	l'union (f)	union

Adjectifs

admis/e	accepted, admitted	indépendant/e	independent
bavard/e	talkative	insensible	insensitive
bordélique (très familier)	messy	intolérant/e	intolerant
borné/e	narrow-minded	optimiste	optimistic
calme	calm	ordonné/e	tidy, organized
coincé/e (familier)	repressed, hung-up	organisé/e	organized
confiant/e	confident	ouvert/e	open
débrouillard/e	resourceful	pénible	difficult
décontracté/e	easy-going, relaxed	renfermé/e	withdrawn
démonstratif/ive	demonstrative	réservé/e	reserved
désordonné/e	disorderly, untidy, sloppy	sensible	sensitive
discipliné/e	disciplined	sérieux/euse	serious
dominateur/trice	dominating	sociable	sociable
égoïste	egotistic, selfish	sympathique	nice, pleasant
enthousiaste	enthusiastic	tendre	tender
farfelu/e	eccentric	tendu/e	tense, uptight
frustré/e	frustrated	timide	shy
fier/fière	proud	triste	sad
impulsif/ive	impulsive		

Verbes

acquérir	to acquire, to purchase	nuire	to harm
agacer	to annoy	offrir (à)	to offer (to)
apprendre (à)	to learn (to)	ouvrir	to open
s'asseoir	to sit	partager	to share
atteindre	to reach, to attain	peindre	to paint
boire	to drink	plaire (à qqn.)	to please (someone)
(se) comprendre	to understand (each other)	pleuvoir	to rain
conclure	to conclude	pouvoir	to be able to
conduire	to drive	prendre	to take
connaître	to know	produire	to produce
couvrir	to cover	recevoir	to receive
craindre	to fear, to dread	rendre visite à qqn.	to visit a person
croire	to think, to believe	résoudre	to resolve
se débrouiller	to get by, to manage	rire	to laugh
décoller	to take off (plane)	savoir	to know
découvrir	to discover	souffrir	to suffer
décrire	to describe	sourire (à)	to smile (at)
devoir	to have to, to owe	suffire	to suffice, to be enough
dire	to say	suivre	to follow
draguer (familier)	to hit on	se taire	to be quiet
écrire (à)	to write (to)	tenir	to hold
émouvoir	to touch, to move, to affect	traduire	to translate
s'entendre avec	to get along with	traîner	to drag
falloir	to be necessary, to need	tromper	to cheat (on someone)
gêner	to bother	valoir	to be worth
joindre	to join, to get in touch with	venir	to come
lire	to read	visiter	to visit a place
mettre	to place, to wear	vivre	to live
se mettre à	to start to	voir	to see
nager	to swim	vouloir	to want

Expressions diverses

assister à un cours	to attend a class	passer un examen	to take a test
avoir rendez-vous	to have a meeting	poser sa candidature	to apply
échouer à un examen	to fail a test	réussir à un examen	to pass a test
s'inscrire à un cours	to register for a class	suivre un cours	to take a class

Lexique : anglais/français

Vocabulaire du cinéma

Les genres de films

action film	un film d'action	*drama*	un drame
adventure film	un film d'aventures	*movie*	un film
comedy	une comédie	*romantic comedy*	une comédie romantique
documentary	un documentaire	*Western*	un western

Les gens du cinéma

actor/ actress	un/e acteur/trice	*role*	un rôle
character	un personnage	*screenwriter*	un/e scénariste
director	un metteur en scène	*star (m/f)*	une vedette
director	un/e réalisateur/trice	*starring role*	un rôle principal
hero/heroine	un héros/une héroïne	*supporting character*	un personnage secondaire
main character	un personnage principal	*viewer*	un spectateur

Pour parler des films

background	le décor	*sound*	le son
box office hit	le film à succès	*sound effects*	le bruitage
camera	la caméra	*sound track*	la bande sonore
costume	le costume	*special effects*	les effets spéciaux (m)
DVD	le DVD	*subtitles*	les sous-titres (m)
flop, failure	l'échec (m)	*the editing*	le montage
plot	l'intrigue (f)	*the music score*	la musique de film
props	les accessoires (m)	*to produce a film*	produire un film
scene	la scène	*to shoot a film*	tourner un film
screenplay	le scénario	*video*	la cassette vidéo

Pour écrire

a lot	beaucoup	*in any case*	d'ailleurs
after	après	*in my opinion*	à mon avis
always	toujours	*in order to*	afin de
at the end	à la fin	*in the beginning*	au début
finally	enfin	*little*	peu
finally	finalement	*often*	souvent
first	d'abord	*poorly, badly*	mal
firstly	premièrement	*really*	vraiment
frankly	franchement	*so*	alors
I admire...	J'admire...	*sometimes*	quelquefois
I appreciate, enjoy	J'apprécie...	*then*	puis
I hate...	Je déteste...	*then, next*	ensuite
I like.../ I don't like...	J'aime.../je n'aime pas...	*too much*	trop
I prefer...	Je préfère...	*very*	très
I think that...	Je pense que...	*well*	bien
in any case	en tout cas	*while*	pendant que

Vocabulaire du film

Les gens

boyfriend/girlfriend	le/la petit/e ami/e	lover	l'amoureux/euse
brother	le frère	neurologist	le/la neurologue
civil servant, state employee	le/la fonctionnaire	owner	le/la propriétaire
companion	le compagnon	parents	les parents
friend	l'ami/e	roommate, co-tenant	le/la colocataire
friend	le/la camarade	sister	la sœur
friend, pal	le copain/la copine	student	l'étudiant/e
husband	le mari	wife	la femme
lover	l'amant/e	writer, author	l'écrivain/e

Les nationalités

Belgian	belge	European	européen/ne
Castilian	castillan/e	French	français/e
Catalan	catalan/e	German	allemand/e
Danish	danois/e	Italian	italien/ne
English	anglais/e	Spanish	espagnol/e

Les endroits

airport	l'aéroport (m)	Barcelona	Barcelone
amphitheater	l'amphithéâtre (m)	Belgium	la Belgique
apartment	l'appartement (m)	Catalonia	la Catalogne
baggage claim	la livraison de bagages	Denmark	le Danemark
bedroom	la chambre	England	l'Angleterre (f)
housing	le logement	Europe	l'Europe (f)
inn	l'auberge (f)	European Union	l'Union européenne (f)
living room	la salle de séjour	France	la France
office	le bureau	Germany	l'Allemagne (f)
room (of a home)	la pièce	Italy	l'Italie (f)
university	la fac (la faculté)	Spain	l'Espagne (f)

A la fac et au travail

bureaucracy	la bureaucratie	higher education	les études supérieures (f)
classifieds	les petites annonces (f)	job	le travail
course	le cours	job, position	le poste
CV, résumé	le Curriculum Vitae (CV)	letter of intent	la lettre de motivation
diploma	le diplôme	registration application	la demande d'inscription
dossier, file	le dossier	registration fees	les frais d'inscription (f)
Economics	l'économie (f)	studies	les études (f)
form	le formulaire	work	le boulot (familier)
high school diploma	le baccalauréat		

Noms divers

adventure, love affair	l'aventure (f)	novel	le roman
arrival	l'arrivée (f)	rent	le loyer
cell phone	le portable	search, quest	la recherche
chit chat	le bavardage	stay	le séjour
departure	le départ	telephone call	le coup de téléphone
face	la gueule (très familier)	telephone	le téléphone
fridge	le frigo	translation	la traduction
friendship	l'amitié (f)	union	l'union (f)

Adjectifs

accepted, admitted	admis/e	nice, pleasant	sympathique
calm	calme	open	ouvert/e
confident	confiant/e	optimistic	optimiste
demonstrative	démonstratif/ive	organized	organisé/e
difficult	pénible	proud	fier/fière
disciplined	discipliné/e	repressed, hung-up	coincé/e (familier)
disorderly, untidy, sloppy	désordonné/e	reserved	réservé/e
dominating	dominateur/trice	resourceful	débrouillard/e
easy-going, relaxed	décontracté/e	sad	triste
eccentric	farfelu/e	sensitive	sensible
egotistic, selfish	égoïste	serious	sérieux/euse
enthusiastic	enthousiaste	shy	timide
frustrated	frustré/e	sociable	sociable
impulsive	impulsif/ive	talkative	bavard/e
independent	indépendant/e	tender	tendre
insensitive	insensible	tense, uptight	tendu/e
intolerant	intolérant/e	tidy, organized	ordonné/e
messy	bordélique (très familier)	withdrawn	renfermé/e
narrow-minded	borné/e		

Verbes

to acquire, to purchase	acquérir	to offer (to)	offrir (à)
to annoy	agacer	to open	ouvrir
to be able to	pouvoir	to paint	peindre
to be necessary, to need	falloir	to place, to wear	mettre
to be quiet	se taire	to please (someone)	plaire (à qqn.)
to be worth	valoir	to produce	produire
to bother	gêner	to rain	pleuvoir
to cheat (on someone)	tromper	to reach, to attain	atteindre
to come	venir	to read	lire
to conclude	conclure	to receive	recevoir
to cover	couvrir	to resolve	résoudre
to describe	décrire	to say	dire
to discover	découvrir	to see	voir
to drag	traîner	to share	partager
to drink	boire	to sit	s'asseoir
to drive	conduire	to smile (at)	sourire (à)
to fear, to dread	craindre	to start to	se mettre à
to follow	suivre	to suffer	souffrir
to get along with	s'entendre avec	to suffice, to be enough	suffire
to get by, to manage	se débrouiller	to swim	nager
to harm	nuire	to take	prendre
to have to, to owe	devoir	to take off (plane)	décoller
to hit on	draguer (familier)	to think, to believe	croire
to hold	tenir	to touch, to move, to affect	émouvoir
to join, to get in touch with	joindre	to translate	traduire
to know	connaître	to understand (each other)	(se) comprendre
to know	savoir	to visit a person	rendre visite à qqn.
to laugh	rire	to visit a place	visiter
to learn (to)	apprendre (à)	to want	vouloir
to live	vivre	to write (to)	écrire (à)

Expressions diverses

to apply	poser sa candidature	to pass a test	réussir à un examen
to attend a class	assister à un cours	to register for a class	s'inscrire à un cours
to fail a test	échouer à un examen	to take a class	suivre un cours
to have a meeting	avoir rendez-vous	to take a test	passer un examen

Crédits

Photographies

Couverture, *L'Auberge espagnole,* Fox Searchlight Pictures/Photofest, © Twentieth Century-Fox
Page 44, *L'Auberge espagnole,* Fox Searchlight Pictures/Photofest, © Twentieth Century-Fox
Page 46, *L'Auberge espagnole,* Fox Searchlight Pictures/Photofest, © Twentieth Century-Fox